용 재 수 필

국가 경영

용재수필_국가 경영

지은이 홍매
옮긴이 임국웅
감   수 김승일
펴낸이 안용백
펴낸곳 (주)넥서스

초판 1쇄 발행 2003년 11월 1일
초판 7쇄 발행 2007년 11월 30일
2판 1쇄 발행 2010년 12월 15일
2판 2쇄 발행 2010년 12월 20일
3판 1쇄 인쇄 2016년 8월 25일
3판 1쇄 발행 2016년 8월 30일

출판신고 1992년 4월 3일 제311-2002-2호
04044 서울시 마포구 양화로 8길 24(서교동)
Tel (02)330-5500 Fax (02)330-5556

ISBN 979-11-5752-889-9 04320

이 책은《경세지략》의 개정 분권입니다.

www.nexusbook.com
지식의숲은 (주)넥서스의 인문교양 브랜드입니다.

용재수필 — 국가경영

동서고금을
넘나드는
세상과 나를
경영하는
지혜의 보고,
읽으며 나를
바꾸고 본 바를
실천하라

홍매 지음 · 임국웅 옮김 · 김승일 감수

지식의숲

지혜의 숲을 여행하기에 앞서

1976년 8월 26일. 장소는 중남해.

　모택동은 병에 시달리는 몸을 겨우 운신하며 늘 그랬던 것처럼 서재로 들어왔다. 그리고 그는 《용재수필(容齋隨筆)》을 보고 싶다고 말했다. 그런데 공교롭게도 며칠 전에 책장을 새로 정리한 탓에 서재에서 일하는 사람들이 그 책을 제때에 찾아내지 못했다. 그들은 부랴부랴 발길을 돌려 북경 도서관을 찾아갔다. 그리고 그곳에서 두 묶음으로 된 명대 각인본《용재수필》18권을 빌려 왔다.

　8월 31일, 안질 때문에 눈이 나빠진 모택동이 읽기 편하게 큰 글씨로 확대한《용재수필》을 포함하여 그가 애독하던 책 몇 권을 함께 중남해로 보내왔다. 그러나 그때는 이미 모택동의 병이 골수에 미쳐 독서를 할 수 없게 된 때였다. 그러다가 9월 9일 모택동은 결국 세상을 떠났다.

《용재수필》, 이 책은 모택동이 생전에 마지막으로 보려 했던 책이다.

모택동은 새로 인쇄한 큰 글씨로 된《용재수필》을 보지 못했다. 그러나 그에게는 그다지 유감스런 일은 되지 않았을 것이다. 왜냐하면 청조 건륭(乾隆) 59년(1794년)에 재판한 소엽산방판(掃葉山房版)《용재수필》이 모택동과 더불어 3, 40년을 함께 했기 때문이다. 그 기간에 모택동은 이 책을 몇 번이나 통독했는지 모른다. 임종이 가까울 무렵 모택동은 평생 애독하던 책이 생각나 다시 한 번 보려 했을 것이다.

모택동이 아끼던 그 책은 원래 연안 마르크스 레닌주의 연구원 도서실의 장서였다. 모택동은 그 책을 손에서 놓기가 아까워할 정도로 애독했고 아껴 왔다. 주변 여건이 아무리 괴롭고 힘들어도, 전쟁이 아무리 격렬하고 위급해도, 행군이 아무리 바빠도, 행장이 아무리 간소해도 이 책만은 잊지 않고 꼭 챙겼다. 생필품을 저버리고 다른 책들을 다 저버릴 수 있어도 오직 그 책만은 버리지 않았던 것이다.

《용재수필》은 기적처럼 연안(延安)에서 서백파(西柏坡)로, 서백파에서 다시 북경까지 모택동과 더불어 중국 현대사에서 가장 중요하고 찬란한 여정을 헤쳐 왔다.

지금 이 책은 중남해에 있는 모택동의 옛집에 잘 보관되어 있다. 두 묶음의 서책으로 된 이 책에는 모택동이 연필로 표기한 동그라미·점·선 등이 갈피마다 숨 쉬고 있다. 글자 그대로 서림미담(書林美談)이라 하겠다. 이 책의 출처를 추적해 보면 이 책의 첫 기점이 얼마나 찬란했는지를 알 수 있다.

순희(淳熙) 14년(1187년) 8월, 삼복더위에 온몸이 타오르는 듯이 뜨거웠던 어느 날, 남송의 서울이었던 임안(臨按, 오늘날의 절강성 항주시)의 궁궐에서는 한림학사(翰林學士) 홍매(洪邁, 1123~1202년)가 황궁 내에서 한 시대를 풍미했던 명군 송효종 조신(趙愼)과 국사를 의논하며 대담을 나누고 있었다. 이 이야기 저 이야기로 한창 열을 올리던 중 송효종이 문득 색다른 이야기를 걸어왔다.

"요즘 과인이 무슨 재수필이란 책을 읽어 보았네."

홍매는 기뻐하는 얼굴로 일어나 넙죽 절하며 공손히 대답했다.

"황송하옵니다. 졸서는 소인이 지은 《용재수필》이라는 책입니다. 별로 읽을거리가 없사옵니다."

"아니오, 그 책에는 아주 좋은 의견들이 들어 있소이다."

송효종은 극구 칭송해 마지않았다.

홍매는 황급히 일어나 황제에게 절을 올렸다. 황제의 칭찬에 너무나 감읍했던 것이다. 홍매는 집으로 귀가하는 길로 그 영문을 알아보았다. 알고 보니 자신이 쓴《용재수필》을 상인들이 무주(婺州, 오늘날의 절강성 금화시[金華市])에서 각인 출판하여 임안으로 가져다 책방에 넘겨 팔았던 것이다. 마침 궁궐의 한 환관이 이 책을 샀고 그래서 그 책이 궁내로 흘러 들어가 황제의 손에까지 이르게 됐던 것이다. 이 책을 읽은 송효종은 못내 감탄을 금치 못하였다.

고대 왕조시대에 한 지식인이 쓴 책을 최고 통치자가 친히 어람(御覽)한 데다가 그의 면전에서 칭찬까지 했다는 것은 더없는 영광이었다. 이에 고무된 홍매는 그 뒤를 이어 계속해서《용재수필》과《속필》을 펴냈다.

홍매는 남송 요주(饒州) 파양(鄱陽, 오늘의 강서성 파양현) 사람이다. 자는 경려(景廬)이고, 호는 용재(容齋)이다. 그는 사대부(士大夫) 가문에서 태어났다. 그의 부친 홍호(洪皓)와 형님 홍적(洪適)은 모두 이름난 학자이자 관리였다. 홍적은 관직이 재상에까지 이르렀다. 송고종 소흥(紹興) 15년(1145년)에 홍매는 박학굉사과(博學宏詞科)에 응시했고 진사에 급제하였다. 그후 그는 시골에서 지주(知州)로 지내다가 궁궐로 들어와서는 중서사인(中書舍人), 직학사원(直學士院), 동수국사(同修國史), 한림학사, 단명전학사(端明殿學士)를 지냈다. 그는 송고종·효종·광종·영종 등 네 명의 황제를 모시면서 79세를 일기로 1202년에 사망했다.

홍매는 학식이 풍부하고 저술 또한 많았다. 그의 저서로는 문집 《야처유고(野處類稿)》, 지괴필기 소설《이견지(夷堅志)》, 편찬집《만수당인절구(萬首唐人絶句)》, 필기집《용재수필(容齋隨筆)》 등 지금까지 전해지고 있는 저서들도 많다.

근면하고 매사에 해박했던 사대부 홍매는 평생토록 방대한 양의 도서를 섭렵하였다. 그러한 그에겐 독서할 때 필기를 하는 좋은 습관도 있었다. 독서하다가 문득 떠오른 생각이나 감상이 있으면 그 즉시 기록하였다. 이렇게 40여 년 동안 해온 독서와 기록을 정리하고 집대성한 것이 바로《용재수필》이다. 최초의《용재수필》은 5집 74권으로 되어 있었다.

《용재수필》이란 이 책의 명칭이다. 이 책의 체재는 〈수필〉, 〈속필〉, 〈3필〉, 〈4필〉, 〈5필〉로 나뉘어져 있다. 〈수필〉은 무려 18년에 걸려 쓴 것이며, 〈속필〉은 13년, 〈3필〉은 5년, 〈4필〉은 1년 남짓 걸려 완성된 것이다. 홍매는 〈5필〉을 쓰는 데 걸린 시간은 밝히지 않았다. 처음 계획은 〈5필〉을 16권으로 만들려고 했지만 이 작업을 다 하지는 못하고 10권까지만 완성된 상태에서 세상을 떠났다. 그가 〈4필〉의 서문을 쓴 시기는 송나라 영조 경원 3년(1197년) 9월이었다. 이렇게 보면 이 서문이 완성된 시기부터 그가 세상을 떠난 가태 2년(1202년)까지 5년이라는 시간이 있었는데, 이 기간이 그가 〈5필〉을 쓴 시간이 될 것이다.

40년이란 오랜 시간을 거쳐 대작 한 권을 만드는 일이란 당시의 입장에서 볼 때 결코 쉬운 일이 아니었다. 수없이 많은 책을 읽으면서 그 속에서 알짜만을 골라 편집하는 작업은 손으로 일일이 써야 하는 당시에는 고되고 오랜 노력을 필요로 했기 때문이다.

지금까지 정리해 온 송나라의 필기체 소설은 300여 부이다. 그 중에는 재미있고 훌륭한 작품들이 적지 않다. 그렇다면 그 많은 저작들 중에서도 왜《용재수필》만이 유독 당시 송효종의 칭찬을 받을 수 있었고, 700년 후 모택동이 애독하였던가?

그 원인은《용재수필》이 정치·역사·문학·철학·예술 등 제분야의 문제를 날카롭게 분석하고 비평한 수필 형식의 글이기 때문이다. 이 책은 고증·논의·기사를 중심으로 하여 쓴 것으로, 송나라의 전장제도(典章制度), 고대 3황5제 시기 이후의 역사적 사실, 정치적 풍운, 문단의 일화 등을 모두 섭렵하고 있다. 또한 이 책은 자료가 풍부하고, 문장의 격조가 높고 우아하며, 모든 사건에 대한 논의가 다채롭고 고증이 확실하다는 장점들을 구비하고 있다. 이런 장점이 바로《용재수필》이 수많은 다른 종류의 저작보다 탁월하다는 평을 듣는 요인이다.

《사고전서총목제요(四庫全書總目提要)》에서는 남송의 수필 형식의 글 중에서 이《용재수필》을 제일 처음에 기록하고 있다.

'이 책을 읽노라면 마치 책의 밀림을 산책하는 듯하고, 마치 책의 바다에서 수영하는 듯하며, 마치 역사의 제단 위에서 아래로 내려 굽어보는 듯하고, 또 마치 정계를 두루 살펴 시찰하는 듯하다.'

명조 시기 하남순무(河南巡撫)와 감찰어사(監察御使)를 지낸 요한(姚翰)이 홍치 11년(1498년) 10월 16일 이 책을 평론한 한 단락을 소개하면 다음과 같다.

이 책은 사람들에게 선(善)을 권하고 악(惡)을 버리도록 경고하고 있으며, 사람들을 기쁘게도 하고 경악하게도 한다. 이 책은 사람들의 견문을 넓혀 주고, 옳고 그름을 판단할 수 있도록 일깨워 주며, 의심을 해소하고 사리를 밝게 하도록 한다. 이 책은 세속을 교화시키는 데에도 도움을 많이 준다.

나는 이 책을 읽은 후 마음과 시각이 넓어졌고 정확한 도리가 무엇인지를 확실히 이해할 수 있게 되었다. 마치 용재와 함께 황궁 내에 있는 명당에 온 듯 심중의 누각이 사통팔달하는 느낌이 들 정도이다. 다만 애석한 일이 있다면 이 책이 아직 널리 알려지지 않았다는 점이다.

사람마다 이 책을 읽고 집집마다 이 책을 두면 얼마나 좋을까 하는 마음에서 내가 아는 한 사람에게 부탁하여 이 책을 각인하고 인쇄하게 함으로써 비로소 천지사방에 널리 전파할 수 있게 되었다. 또, 제대로 알지 못하면서 아는 척하고 고고한 척하는 군자들에게는 좀 더 내면적으로 풍부해지고 충실하게 해줄 수 있을 것이다. 사물의 도리를 연구하고 진정한 지식을 추구하는 사람들이라면 이 책을 통해 천하의 도리를 궁극적으로 밝혀낼 수 있을 것이다.

　우리는 모택동이 이 책을 두고두고 통독하면서 어떤 천리(天理)를 습득했는지는 알 수가 없다. 그러나 그가 이 책을 통해 많은 것을 얻었을 것임은 분명하다. 백 번을 읽어도 싫증이 안 나는 이 책은 한 사람이 성장하는 데 그의 사상과 행동에 커다란 영향을 주리라는 것은 당연하다고 본다. 이상에서 살펴본 바와 같은 사실들을 알고 있는 우리는 이 책을 많은 독자들에게 소개하려고 생각에 생각을 거듭해 왔다. 견식을 넓히든가, 소질을 높이든가, 혹은 전통문화를 이해하든가, 혹은 모택동을 알려고 하는 사람들에게는《용재수필》이 크게 도움이 될 것이다.

　보통의 독자는 학술적 면이 깊은 이 책을 읽을 때 두 가지 장애에 부딪히게 된다. 하나는 문장이 고문(古文)이기 때문에 난해하다는 것이고, 다른 하나는 무미건조하게 느껴질 것이라는 점이다. 따라서 이 책을 현대어로 번역하고 문장상의 난해한 부분을 약간 쉽게 첨언하여 읽기에 편하게 하려고 노력하였다. 고전을 현대어로 번역할 때는 그 의의를 학술성에 두기보다 보급하는 데에 중점을 두어야 한다는 것을 이해했으면 한다. 따라서 우리는 아래 몇 가지 방법을 통해 이 책의 번역을 더욱 충실히 하고자 했다.

첫째는 선별 작업이다.

《용재수필》은 전 책이 15권으로 그 글자 수는 50만여 자나 된다. 이것을 모두 현대어로 번역한다면 적어도 150만여 자가 될 것이므로, 그 양이 너무 많게 되고, 또 반드시 그럴 필요는 없다. 왜냐하면 어떤 글은 너무 편협하고 어떤 글은 별로 가치가 없으며, 어떤 글은 너무 난해해서 도무지 현대어로 번역하기가 어렵고 억지로 옮겨 놓으면 본문의 뜻이 와전되는 경우도 있고 그 형식미를 잃기도 하기 때문이다. 이러한 사항을 염두에 두고 우리는 중요한 부분만을 엄선하기로 하였다. 여기에 선택하여 채록한 글들은 모두가 가장 대표적인 작품이어서 본서의 전 면모를 충분히 개괄하고도 남는다고 생각한다.

둘째는 편성이다.

독자들의 독서 구미에 맞추어 직역(直譯)과 의역(意譯)을 상호 보완하면서 문장의 흐름을 맞추어 놓았다. 수필 형식의 이런 작품은 역사 서적과는 다르기 때문에 기사의 앞뒤와 그 세부적 내용이 종종 맞지 않는 경우가 있다. 이것은 그 문체가 극히 간략하기 때문이다. 옛 사람들이나 전문가, 혹은 학자들이라면 한 번 읽어 곧 그 뜻을 알 수 있지만, 일반 독자들은 무슨 뜻인지 오리무중에 빠지기가 일쑤다. 이 점을 고려해서 우리들은 적당히 다른 책들을 참작하여 꼭 필요한 사실에 한해서는 보충 설명했다. 또 어떤 글은 해설을 첨가하여 쉽게 읽을 수 있도록 편성하였다. 그리고 이 책의 순서도 새로 편집했다. 즉 원문의 권편(卷篇)에 따라 분류한 것이 아니라 내용에 따라 새로 분류하여 편집한 것이다. 그리고 제목도 새로 달았음을 아울러 밝혀 둔다.

비록 이 책을 10여 년이나 읽었지만 이번 번역을 통해 또 한 차례 전통문화와 역사를 새롭게 인식하게 되었으며, 많은 지식을 더 넓힐 수가 있었다. 많은 애독자들도 이러한 느낌을 같이 가졌으면 편역자로서 더 없는 기쁨이 될 것이다.

國家經營

사람을 잘 알고 알맞게 기용하다

후세 사람들은 조조를 '귀신같다'고 평가한다. 그의 마음이 간사하다는 것을 은유한 말이다. 그렇기 때문에 성인군자들은 언제나 조조를 평가 절하한다. 하지만 충직과 간계, 그리고 곧고 그름이라는 잣대를 잠시 거두고, 사람을 잘 알고 그 재능에 알맞게 기용하는 용인지도(用人之道)만을 생각한다면 조조란 인물은 후세의 누구와도 비견이 안 될 만큼 뛰어난 사람이었다.

순욱(荀彧)·순유(荀攸)·곽가(郭嘉) 등은 모두 조조의 대신들로서 전략에 뛰어난 사람들이었다. 일단 국가에 큰일이 일어나면 조조는 그들과 거리를 두지 않고 자유스럽게 토의하였다. 조조는 수하의 다른 부하들도 각기 자기 능력에 맞는 자리에 임용하였다. 그 결과 그의 부하들은 서로가 각자의 재능을 최대한 발휘할 수 있어 매사에 매듭이 잘 풀렸다.

당시 조조가 관중(關中)을 수복했다고는 하지만 그다지 공고하질 못했다. 왜냐하면 마등(馬騰)과 한수(韓遂)가 진심으로 굴복한 것이 아니었기 때문이다. 그래서 조조는 사예교위(司隸校尉) 종요(鐘繇)를 파견하여 관중을 다스리게 하였다. 그리고 마등·한수 두 사람으로 하여금 그들의 아들을 조조에게 보내어 볼모로 두도록 하였다.

또 조지(棗祗)와 임준(任峻)이 전심전력으로 충성하는 것을 보자 그들을 변방의 교위(校尉)로 임명했다.

그러다가 나라가 부유해지고 군대가 강성해지자 위기를 파견하여 관중을 다스리게 했다. 위기는 매사에 최선을 다해 국력 강화에 큰 도움을 주었다.

후에 하동(河東, 오늘날의 산서성 서남부)의 세력을 제거하지 않으면 조만간 피해를 입게 될 것이라 판단한 조조는 두기(杜畿)를 그곳의 태수로 파견하였다. 두기는 위고(衛固)와 범선(范先)에게 반란의 마음이 있음을 알아채고 그들을 거사 이전에 생포하였다.

병주(幷州, 오늘날의 산서성 태원)를 평정한 조조는 양습(梁習)을 자사(刺史)로 내려보내 그곳을 지키게 하였다.

양주(陽洲)가 손권의 손에 들어갔지만 구강(九江)은 아직 조조의 수중에 속했던 때가 있었다. 조조는 구강을 유복(劉馥)에게 맡겨 그곳을 튼튼한 요새로 자리 잡게 하였다. 풍익(馮翊, 오늘날의 섬서성 대

려현) 지역에 비적들이 출몰하여 백성들이 편하게 발 뻗고 잠을 잘 수 없게 되자 조조는 정혼(鄭渾)에게 군사를 주어 비적들을 토벌하도록 했다. 그리하여 비적은 소멸되었고, 더불어 그 지역 일대가 태평해졌다.

대군(代郡, 오늘날의 하북성 울현) 지역에서 오환(烏丸) 선우가 재물을 노략질하는 등 소란을 피웠다. 조조는 배잠(裴潛)을 파견하여 선우를 항복시켰다. 또 한중(漢中)을 얻게 되자 두습(杜襲)을 파견하여 백성들을 무마시키도록 하였다.

마초(馬超)군이 투항한 후 다시 반변하려 할 때 조조는 조엄(趙儼)을 호군(護軍)으로 파견하여 마초가 경거망동하지 못하도록 사전에 막아 버렸다. 그 결과 2만여 명이 동쪽으로 건너가게 되었고, 조조는 그들을 합리적으로 배치했다.

이상 열 가지 조조의 치국 방략은 후에 조조가 천하를 통일할 수 있는 초석이 되었으니 그의 사람 쓰는 능력만큼은 우리가 배우고 따르지 않을 수 없다.

장료(張遼)가 합비(合肥)에서 손권을 대파시켰고, 곽회(郭淮)가 양평(陽平, 오늘날의 섬서성의 면현 서부)에서 촉군에 항거했으며, 서황(徐晃)이 양번(襄樊)에서 관우를 견제하였는데, 이들은 모두 소수로 다수를 막은 것으로 조조가 승리하는 데 결정적 역할을 했던 인물들이다.

이처럼 조조가 뭇 영웅들을 소탕하면서 천하통일을 위해 질풍노도처럼 자신의 뜻대로 밀고 나갈 수 있었던 것은, 모두 이런 사람들이 문무 양면에서 조조를 대신해 큰일을 해냈기 때문이었다.

인재를 기용하려면 의심을 삼가라

연(燕)나라의 상장군(上將軍)인 악의(樂毅)가 조(趙)·초(楚)·한(漢)·위(魏)·연(燕) 등 다섯 나라의 군대를 지휘하여 제(齊)나라를 공격하였다. 파죽지세로 쳐들어오는 다섯 나라 연합군의 진공을 막을 수 없던 제나라는 70여 개의 성을 잃고 말았다.

마지막으로 제나라를 지켜 주고 있는 땅은 여(呂, 지금의 산동성 여현)와 즉(卽, 지금의 산동성 평도) 두 성밖에 없었다. 이때 이 전국(戰局)을 이용하여 말썽을 일으킨 사람이 있었는데, 그는 연합국의 하나인 연나라 소왕(昭王)에게 상주를 올렸다.

여와 즉 두 성은 얼마든지 공략할 수 있는데, 악의가 공략을 하지 않고 있습니다. 그는 장기간 막강한 병권을 쥐고 있어 군대의 힘을 등에 업고 그 위상이 점점 더 높아지고 있습니다. 악의는 조만간 이곳을 차지하고 스스로 왕위에 오를 것입니다.

그러나 연나라 소왕은 그의 말을 그대로 받아들이지 않고, 오히려 군신지간에 이간을 놓는다며 그의 목을 잘라 버렸다. 그 후 연나라 소왕은 논공행상에 따라 상을 내렸고, 악의는 제왕에 봉해졌다. 그러나 악의는 굳이 소왕의 하사를 사양하였다. 자신을 전혀 의심치 않고 오히려 후한 상까지 내려 준 임금의 덕목에 감동되어 전력을 다해 소왕의 대병을 보좌하는 일에 만족했기 때문이다.

서한(西漢) 말기에 풍이(馮異)란 대장군이 있었다. 그는 한나라 광무제(光武帝)를 보좌하여 한중(漢中)을 평정하는 등 전공이 혁혁했다. 오랜 시간 조정을 멀리 떠나 전쟁만을 지휘하다 보니 그의 병권이 강화되었다. 그러자 그에 대해 모함을 하는 유언비어들이 나돌았다. 풍이가 검은 심보를 갖고 대권을 눈여겨본다는 것들이었다. 이때 누군가가 그의 죄를 상고하였다.

군권을 독차지한 풍이가 민심을 농락하여 '함양왕(咸陽王)'을 꿈꾸고 있다는 내용이었다. 그러나 광무제는 그의 상주를 처음부터 믿지 않았다. 오히려 광무제는 그가 올린 상주문을 풍이에게 보여주었다. 이를 본 풍이는 대경실색하여 그 즉시 자신의 청백함을 알리는 상주문을 광무제에게 올렸다. 그의 상주문을 본 광무제는 다음과 같이 말하여 풍이를 안심시켰다.

"나라와 과인을 위한 풍장군의 일심충성은 잘 알고 있소. 그 은덕이야말로 부자(父子)간의 은덕보다 더 높은 것이오. 과인이 어찌 장군을 의심할 수 있겠소? 그리 알고 아무쪼록 마음을 놓도록 하시오."

광무제는 그 후에도 여러 사람들이 모함하는 상주를 물리치고 시종 풍장군을 신뢰하였다.

후세 사람들은 악의와 풍이를 역사상 가장 뛰어난 명장 중 하나로 기억하고 있다. 그러나 가령 소왕(昭王)이나 광무제(光武帝)가 그들을 의심하여 중임을 맡기지 않았던들 그들은 이미 모함을 받아 액운을 면치 못했을 것이다.

반면 제(齊)나라의 전단(田單), 위(魏)나라의 신릉군(信陵君), 서한(西漢)의 진탕(陳湯), 동한(東漢)의 노식(盧植), 삼국(三國)의 등애(鄧艾), 진조(晉朝)의 사안(謝案), 후연(後燕)의 모용수(慕容垂), 수조(隋朝)의 사만세(史萬歲), 당조(唐朝)의 이정(李靖), 곽자의(郭子儀), 이광필(李光弼), 이성(李晟) 등은 모두 당시 자신들이 몸담고 있는 왕조의 사직을 위하여 불세출의 전공을 세운 명장들이다. 그러나 그들은 모두 모함을 받아 피해를 입었다.

경질당한 사람이 있는가 하면 유배당한 사람이 있고, 심지어 목숨을 잃은 사람도 있었다. 어리석고 용렬한 군주가 요언을 믿고 잘

못 처사했기 때문이었다. 세상에서 가장 무서운 것은 소인배들이 질투심에 불타 충직한 사람들을 모함하는 일이라고 하겠다.

재능으로 인재를 쓰면 주변에 인재가 넘쳐난다

한나라 무제 때 익주(益州)의 자사(刺史)였던 임안(任安)과 경보도위(京輔都尉)였던 전인(田仁) 두 사람은 재능이 많았던 인물로 주목을 받았다.

임안과 전인 두 사람은 모두 대장군 위청의 수하였는데 위청의 다른 수하인 마름이 그들 둘을 깔보고 말먹이꾼을 시켰다. 이때 기분이 상한 전인이 한마디 했다.

"마름이 사람을 볼 줄 모르는 듯하오."

그러자 임안도 한마디 끼어들었다.

"대장군도 사람을 볼 줄 모르는데 마름이야 말할 것도 없지요."

그 뒤 황제가 칙서를 내려 위청의 식객 중에서 쓸 만한 사람을 뽑아 올리라 했다. 소부(少府) 조우(趙禹)가 이 일을 집행했다. 조우래는 위청의 식객 백여 명을 모조리 불러내어 이것저것을 물어보았다. 그러고는 이름도 없던 임안과 전인을 골랐다.

"이 두 사람만은 아주 쓸 만하군. 다른 녀석들은 아무런 쓸모가 없어."

조우래가 선발을 하자 위청도 추천서를 써서 바칠 수밖에 없었다. 무제도 한눈에 그들 둘을 마음에 들어 했다.

그 뒤 전인은 삼하태수(三河太守)의 비리를 추적하여 그의 잘못을 적발하였다. 이때 하남(河南, 하남성 낙양)과 하내(河內, 하남성 심양현)의 태수는 정위(廷尉) 두주(杜周)의 자제들이었다. 그리고 하동(河東, 산서성 하현 우왕성)의 태수는 승상 석경(石慶)의 자손이었다. 이런 큰 거물의 혈맥 관계에도 불구하고 전인의 끈질긴 추적과 빈틈없는 조사로 삼하의 태수들은 죄를 면치 못하고 투옥되어 사형당했다.

이처럼 한무제는 인재를 등용할 때 귀천을 따진 것이 아니라 그의 재능을 보고 인재를 가려 썼다. 따라서 한무제가 집정할 때에는 한실 조정에 인재가 집결되었고 그에 의해 한나라의 전성기를 가져왔던 것이다. 이는 후세의 좋은 귀감이라 말할 수 있다.

정과 의리로 사람을 감동시키다

도리와 정의(正義)는 인심을 감동시키는 힘을 갖고 있다. 급한 상황에 닥쳐 그에 대응해서 말한 한마디의 말이 종종 이러한 효과를 내는 경우가 있는 것이다.

초소왕(楚昭王)이 오(吳)나라 왕에게 대패하여 나라가 망하고 수도인 경성을 내놓게 되었다. 그러자 많은 백성들이 길가에 운집하여 피난 가는 초소왕을 배웅하였다. 이에 감동된 초소왕이 백성들에게 호소하듯 말했다.

"여러분, 돌아가 주시오. 여러분들의 임금이 없다고 너무 근심하지 마시오. 부디 목숨을 귀히 여겨 신변에 만전을 기하도록 하시오."

초나라 백성들은 눈물을 흘리며 애달파했다.

"임금님과 같은 현명한 군주는 다시는 없을 것입니다."

그러고는 한결같이 소왕을 따라 나섰다. 이때 신포서(申包胥)라는 사람이 이 광경을 목격하였다. 소왕의 인품과 백성들이 그를 따르는 충성심에 감동한 그는 초나라를 구하겠다는 일말의 희망을 안고 진(秦)나라로 달려갔다. 진나라에 도착한 신포서는 진나라 궁궐 앞에서 엎드려 대성통곡하며, 진나라가 지원군을 보내 줄 것을 재촉하였다. 그리하여 초나라는 결국 진나라의 지원을 받아 잃었던 땅을 다시 되찾게 되었다.

한고조(漢高祖) 유방(劉邦)이 대군을 거느리고 위풍당당하게 관중(關中)에 진입하였다. 그는 즉시 당시의 호걸들을 궁궐로 불러들인 후 다음과 같이 말했다.

"백성들은 진나라의 가혹한 잡세와 형벌에 시달릴 대로 시달렸습니다. 그래서 내가 관중을 차지하고 다스리려 합니다. 내가 관중에 들어온 것은 여러분들의 재앙을 덜어 주기 위함이지 백성들을 학대하거나 약탈하기 위한 것이 아닙니다. 여러분들은 이제부터 발을 쭉 펴고 잠을 자도 될 것입니다."

뒤이어 유방은 진나라 관리들과 함께 각 지방을 순찰하며 활발한 유세를 벌였다. 유방이 진심으로 백성을 위하는 것을 본 백성들은 모두 기뻐하며 그의 말에 잘 따랐다.

얼마 후 항우(項羽) 역시 군대를 이끌고 관중으로 들어왔다. 항우의 군대는 가는 곳마다 잔혹하게 백성들을 대했다. 백성들이 항우에게 실망했음은 두말할 나위도 없다. 이에 유방은 천하 백성들에게 신뢰를 심어 주는 인물로 더더욱 깊이 인식되었고, 그러한 신뢰를 바탕으로 이후 400년간에 걸쳐 한나라가 천하를 다스릴 수 있는 기초를 닦을 수 있었다.

당현종(唐玄宗) 이융기(李隆基)가 안녹산(安祿山)의 반란을 피해 수도인 장안(長安, 오늘날의 섬서성 서안시)을 떠나게 되었는데 부풍(扶風, 오늘날의 섬서성 함양 서쪽 지역)에 이르자 따라오던 많은 병사들이 도망치려고 했다. 더러는 유언비어를 살포하고 상급자의 말을 안 들으며 모반을 시도하려 했다. 이 일을 안 당현종은 병사들을 모집하여 사정을 설명했다.

"미안하지만 이 모든 것은 과인이 사람을 잘못 기용하여 빚어낸 후과이다. 안녹산이 감히 난을 일으킨 것이 바로 이 때문이다. 지금은 부득불 반란군의 예기를 피해 먼 곳으로 피난 가서 잠시 칩거하려 한다. 창졸지간에 과인을 따라 피난하다 보니 미처 고향의 부모처자와도 고별인사를 못했을 것이라 생각한다. 그러니 이제 여러분들의 의사대로 모두들 고향으로 돌아가도록 하라. 과인은 우리 황족 일행과 함께 사천성으로 몸을 피하겠다. 지금 여러분들을 모이도록 한 것은 다름이 아니라 그동안 여러분들의 수고가 너무 많았기에 따뜻한 작별 인사라도 올리고 싶었기 때문이다. 앞으로 귀향하거든 고향의 부모 형제들과 장안의 부모형제들에게도 과인의 안부를 전해 주면 고맙겠다."

이 말을 들은 병사들은 그만 감격해서 저마다 눈물을 흘리지 않는 이가 없었다.

"아닙니다. 저희들은 죽어도 황제와 함께 죽을 것입니다."

이 일이 있고 난 후부터는 모든 유언비어들이 깨끗이 사라져 버렸다.

장순(張巡)이 옹구(雍丘, 오늘날의 하남성 기현)에서 안녹산 군에게 포위 공격을 받게 되었다. 수하의 몇몇 대장군이 장순에게 투항하는 편이 좋을 것이라고 권유했다. 그러나 장순은 단호하게 그들의 말을 물리쳤다. 그는 당현종의 초상화를 병영 정면에 걸어 놓고 장군들과 병사와 함께 절을 올리며 필승의 신념을 다졌다. 장병들은 당현종의 초상화 앞에서 대성통곡하며 끝까지 싸울 것을 결심하였다. 장순은 이어 투항을 권유한 6명의 장군을 앞으로 불러 세운 후, 충효대의가 무엇인지에 대해 설명했다. 그러고는 장병들 앞에서 모조리 목을 잘라 버렸다. 이에 크게 자극을 받은 장병들의 사기는 하늘을 뚫을 듯이 충천하였다.

당덕종(唐德宗) 때의 일이다. 하북 지역에 있는 4개의 진에서 내란이 일어났다. 왕무준(王武俊)이 조왕(趙王)이라 자칭하였고, 전열(田悅)은 위왕(魏王)이라 자칭했으며, 이납(李納)은 제왕(齊王)이라 자칭하였고, 주도(朱滔)는 기왕(冀王)이라 자칭했다. 이때 이포진(李抱眞)이 가림(賈林)을 파견하여 왕무준을 설득시키게 했다. 가림은 당덕종이 직접 한 말이라며 왕무준에게 들려주었다.

"짐이 보기에 이전의 자네에 대해 확실히 잘못 처리한 일들이 있다네. 친구지간에 벌어진 논쟁이라면 죄송하다고 사과할 수 있는데, 이제는 한 나라의 임금이니 내가 더 이상 말할 것이 무엇이겠나."

임금의 사과에 왕무준은 감동을 받았다. 그리하여 자신과 함께 내란을 일으킨 다른 세 사람에게 통보하여 같이 조정에 항복하자는 내용의 서신을 보냈다. 당덕종이 봉천(奉天, 오늘날의 섬서성 건현)에서 이들에게 면죄서를 내리자 왕무준은 다시 한 번 전열에게 귀순할 것을 권유했다.

"천자(天子)가 국가대사를 처리하느라 노심초사하면서도, 이렇게 은덕을 베풀어 우리들을 위로하시니 정말 감격스럽네. 두말하지 말고 우리의 잘못을 승인하고 조정에 귀순하도록 하세나."

왕정주(王廷湊)가 성덕(成德, 오늘날의 하북성 정정)을 점거하고 있을 때였다. 한유(韓愈)가 주군의 명을 받고 그를 설득하러 가게 되었다. 왕정주는 큰 칼을 차고 눈을 부릅뜨면서 위협하듯 한유의 방문을 맞이하였다. 그가 여관에 도착하자 왕정주는 여관 주변에 무장한 병사들을 풀어 여관 내외의 동정을 살피도록 하였다. 그렇지만 한유는 낯색 하나 변하지 않고 태연하게 왕정주를 설득해 나갔다. 그는 왕정주에게 안사의 난(安史之亂)이 있은 후부터 반역자와 귀순자의 실례를 들어가며 그가 현명히 판단하도록 유도하였다. 그의 말을 들은 왕정주는 내심 흔들리는 바가 있었다. 그래서 왕정주는 자신의 모습 때문에 군심이 동요될까 두려워 한유를 여관에서 내쫓아 버렸다. 그런 그도 얼마 지나지 않아 결국 당나라에 귀순하였고 한낱 지방 관리로 쫓겨 가는 신세가 되었다.

황소(黃巢)가 장안(長安)을 점령한 후 반포한 사면서가 그의 사신에 의해 봉상(鳳翔, 오늘날의 섬서성 봉상)에 전달되었을 때였다. 그러나 절도사(節度使) 정전(鄭畋)은 아직 그 사면서를 받지 못했다. 당시 사자가 도착하자 관청에서는 음악을 연주하기 시작했는데, 그때 바로 전 장병들이 모두 대성통곡하는 것이었다. 황소의 사자(使者)는 영문을 몰라 어리둥절하였다. 그러자 정전의 한 막료가 다음과 같이 말했다.

"절도사 정전께서는 지금 치매가 심하기 때문에 관청에 못 나왔습니다. 장병들이 이를 슬퍼하여 대성통곡하는 것입니다."

백성들도 이 일을 알게 되자 모두 눈물을 흘렸다. 이 광경을 우연히 보게 된 정전은 마음속으로 생각했다.

"아! 그렇구나. 백성들의 마음은 아직도 당나라에 있구나. 이제 강도들의 목이 그 어깨 위에 붙어 있을 날도 멀지 않았구나."

황소의 사신이 떠나자 정전은 곧바로 군사를 집결시킨 다음 적진을 향해 진격했다. 나아가 각지에 흩어져 있던 당군(唐軍)들에게 같이 협력하여 수도 장안을 회복하자고 호소하였다. 위주(魏州, 오늘날의 하북성 대명현)에서 당군을 배반한 전열(田悅)을 크게 격파시키고 그를 원래 지역으로 후퇴시켰다. 그리고 정전은 군사들의 사기를 북돋워 주면서, 그들과 함께 공생공사할 것을 약속하는 것도 잊지 않았다.

한림학사 육지(陸贄)는 당나라 덕종에게 〈죄기조(罪己詔)〉를 내리라고 건의하였다. 〈죄기조〉는 황제가 스스로 부덕을 탓하는 내용의 조서인데, 이를 통해 안사의 난 이후 어지러운 민심을 수습하고자 하였다. 그가 기초한 〈죄기조〉는 너무나 절절하여, 그 내용을 들은 일자무식인 백성들도 감동되어 눈물을 흘리지 않는 자가 없었다고 한다.

　이상 예로 든 몇 가지 사실은 시대가 서로 달라도 결과는 비슷하다고 할 수 있다. 이러한 인물들이 당나라에서는 많이 나왔던 데 비해, 송나라 정강(靖康)·건염(建炎)년간에 일어난 재난은 실로 참담하기 그지없었음에도 불구하고, 정과 의리로써 사람을 감동시킨 이야기가 없으니, 그 이유를 생각하지 않으면 안 될 것이다.

주관이 없는 군주는 힘이 있어도 망설인다

전국시대(戰國時代)의 인물인 소진(蘇秦)과 장의(張儀)는 함께 귀곡자(鬼谷子)를 스승으로 모셨다. 그러나 그들의 종(縱)·횡(橫)에 관한 변론은 물불과 같이 상극이었다. 시대에 대처하는 지략이 서로 완전히 달랐기 때문이었다.

먼저 소진은 여섯 나라가 단합하여 함께 진(秦)나라의 병탄을 막아야 한다고 주장했다. 그는 여섯 나라가 단합하면 그 국력이 진나라보다 강해질 것이라 강조하였다.

하지만 장의의 의견은 이와 달랐다. 여섯 나라는 각자가 진나라의 힘을 빌려 스스로 자국의 국력을 보존해야 한다는 것이었다. 따라서 여섯 나라가 모여 진을 함께 막아낼 논의를 할 때면 언제나 불리한 점만을 역설하였다.

당시 제(齊)·초(楚)·연(燕)·한(漢)·조(趙)·위(魏) 등 여섯 나라의 군왕들은 모두 그들 두 사람의 말에 국가의 운명을 맡기고 있었다. 그러함에도 어느 군왕도 그 두 사람과 논쟁하는 것을 즐기지 않고 다만 그들의 말에 좌지우지당하며 따르려고만 할 뿐이었다.

각국의 군주는 그 나라의 주인이며 또 오랫동안 국정을 다스려 왔던 임금들이다. 그런데도 나라가 위태롭게 되었을 때 모두 자신의 주관이 없어 다른 사람의 말에 따라 바람개비처럼 헛돌고 있었으니, 이쯤 되면 나라의 생존이 바람 앞의 등불처럼 위태로워질 것은 뻔한 일이었다.

한 나라의 국정이란 한 가정의 가사와 다름이 없다. 좋은 전답이 얼마고, 1년 수확은 어떻게 되며, 과수원은 얼마나 되고, 1년에 뽕과 삼을 얼마나 수확하는지, 그리고 집값은 얼마이고, 저축은 얼마인지, 나아가 개와 돼지는 몇 마리나 되는지 등의 대소사를 낱낱이 알아야 하는 것이다.

유치하고 어리석은 사람이 아니라면 그 누가 자기식의 이해타산을 생각하지 않겠는가마는, 이들 여섯 나라 군주들이 자신의 주관도 없이 자국의 내막도 잘 모르는 사람들의 이러쿵저러쿵하는 망언에 따라가고 있었다는 것은, 어찌 보면 너무나 어이없는 처사였다. 더군다나 당시 그들 두 사람의 주장이 갑론을박하여 어느 한쪽을 따라갈 수 없는 상황에서 자신의 주관이 없는데 누구의 말을 믿을 수 있겠는가?

어느 날 어사대부(御史大夫)인 조조(晁錯)와 한나라의 경제(景帝)
사이에 논쟁이 있었다.

"고조께서는 동성동본에게 왕을 너무 많이 봉했습니다. 제나라
땅의 70여 개 성, 초나라 땅의 40여 개 성, 오(吳)나라 땅의 50여 개
성을 동성동본인 왕족들에게 골고루 다 하사하였으니 말입니다.
한나라 강산의 절반이 그들 수중에 들어가게 된 것입니다."

한나라의 광활한 지역을 감안할 때 세 왕에게 나눠 준 지역이 어
찌 절반이나 된다고 할 수 있겠는가? 이는 아마도 조조가 커져만
가는 제후(諸侯)의 세력을 견제하기 위해 과장해서 한 말이었을 것
이다. 그럼에도 경제의 마음은 흔들리지 않을 수 없었다.

교서왕(膠西王)은 오나라와 손을 잡고 한나라에 대해 반란을 일
으키려고 했다. 이때 그의 수하 장수가 나서서 극구 말렸다.

"그것은 천부당만부당한 일입니다. 제후의 지반은 한나라의 5분
의 1도 아니 되옵니다. 이처럼 약소한 힘으로 어찌 반란을 기도할
수 있겠습니까. 반란은 결코 현명한 판단이 아닙니다."

기실 오·초·제 등 반란을 꿈꾸었던 나라들의 국력이 약한 것만
은 아니었다. 그러나 교서왕의 대신들이 반란을 극구 반대하였던
것은 고의적으로 자신들의 힘이 약하다는 것을 강조하려 했기 때

문이었다.

　이런 두 사례를 볼 때 소진·장의·조조 등 교서왕의 신하들의 말
에는 다 일리가 있다고 하겠다. 그러나 그들의 속마음은 서로가 달
랐다. 다른 사람이 권하는 말을 듣는 것도 물론 좋은 일이지만 그
전에 반드시 자신의 주관이 있어야 하고 상대가 권유하는 그 속마
음을 잘 헤아릴 수 있어야 한다.

인명이 순간의 판단에 의해 좌지우지되다

불교에서 말하는 '겁수(劫數)'라는 단어는 뜻하지 않은 재앙으로
옥석이 함께 타 버리는 것을 의미한다. 그러나 여기에는 행운과 불
행이 있게 마련이다.

어느 날 한무제(漢武帝)가 천상관(天上官)의 상주를 받았다. 내용
인즉 장안(長安)의 감옥에 천자(天子)의 기(氣)가 드리워져 있는데,
이것은 천자 자리를 누군가가 찬탈하려는 징조라는 것이었다. 한
무제는 즉시 좌우에 명하여 장안 감옥에 갇힌 죄수들을 그 죄의 경
중을 묻지 않고 모두 참살하도록 명했다.

수양제(隋煬帝) 양광(楊廣)은 주야로 장생불로할 것을 기원했다.
그는 숭산도사(嵩山道士)인 반탄(潘誕)에게 명하여 금단약을 만들
도록 명했다. 그러나 금단을 만드는 데 여러 번 실패한 반탄은 이

를 만들려면 석담석수(石膽石髓)가 있어야 하는데, 석담석수가 없으니 동남동녀(童男童女)의 쓸개액을 3말 2되 추출하여 이로써 석담석수를 대체해야 한다고 아뢰었다. 그러나 수양제는 그의 상주를 듣지 않았다. 왜냐하면 동남동녀의 쓸개액을 빼낸다는 것은 너무나 잔혹한 일이라고 여겼기 때문이다. 한편 그는 수하에게 명하여 반탄을 죽이도록 했다.

한번은 또 어떤 점쟁이가 나타나 앞으로 성이 이씨인 사람이 황제가 될 것이니 이씨 성을 가진 자는 모조리 살해해야 한다고 간하였다. 그러나 이번에도 수양제는 그의 말을 듣지 않았다. 기실 수양제는 매우 흉악하고 잔인무도한 황제였기에 함부로 사람을 죽이는 비적과 다름없는 사람이었지만, 그러한 수양제도 이처럼 두 번쯤은 선을 베풀었던 것이다.

당태종(唐太宗)은 성이 무(武)씨인 여성이 후에 황제가 될 꿈을 꾸고 있다는 이순풍(李淳風)의 말을 듣고는 대노하여 무씨 성을 가진 사람들을 모조리 참살하려 했다. 이때 이순풍이 간하였다.

"폐하, 그리하면 아니 되옵니다. 지금 무씨 성을 가진 자들을 모두 처단하더라도 앞으로 또 무씨 성을 가진 사람이 태어날 것입니다. 그때는 폐하의 자손들에게 오히려 더 큰 피해가 갈 것입니다."

이순풍의 말에 일리가 있다고 생각한 당태종은 무씨 성을 가진 자들을 죽이려는 마음을 고쳐먹었다. 잘못했다가는 무고하게 수많은 사람들의 목숨이 날아갈 뻔하였던 것이다.

이런 면에서 볼 때 당태종은 비범한 명군성현이라 할 수 있다. 그러나 그런 그도 때로는 어리석은 일을 저지르기도 했으니, 그야말로 세상사라는 것은 행운과 불행이라는 운수가 따로 있는 것이 아닐까 여겨진다.

현명한 군주는 영특한 아들에게 권력을 넘기고 싶어 한다

역사상 현명한 군주는 자신의 아들들이 영특함을 보이며 자라나
는 것을 보고 더없이 좋아했다. 그리고 그러한 아들들에게 사랑을
기울이고 칭찬을 아끼지 않았다. 한나라와 당나라의 세 황제가 아
들을 어떻게 양육했는지는 우리에게 시사하는 바가 크다.

한고조 유방의 아들 조왕(趙王) 여의(如意)는 여러모로 부친을
닮은 데가 많았다. 유방은 시간이 갈수록 당시의 태자였던 한혜제
(漢惠帝)를 폐위하고 여의를 그 자리에 앉히고 싶어졌다. 그러나 대
신들이 이에 적극적으로 반대하여 끝내 자신의 뜻을 이루는 데에
실패하였다. 훗날 한고조가 사망하자 여의는 여후(呂后)에 의해 참
살당하고 말았다. 한혜제는 온화하고 심성이 약하여 한조의 대권
은 여후에게 장악되었고, 유씨 종족은 그러한 여후에게 거의 멸족
되는 화를 피하지 못했다.

한선제(漢宣帝)의 아들 회양왕(淮陽王) 유흠(劉欽)은 자라나면서 총명함이 점점 눈에 띄었다. 그는 모든 경서를 암송하였고 법률에도 상당한 지식이 있었으며 언제나 학문을 게을리하지 않았다. 한선제는 무럭무럭 자라는 아들이 볼 때마다 대견스러웠다.

"이 아이야말로 정녕 내 아들이로다."

한선제는 이와 같이 영특한 유양을 태자로 삼고 싶었다. 그러나 이미 태자로 책봉되어 있었던 아들은 자신이 어려움에 처해 민간으로 쫓겨 갔을 때 낳은 아들이었다. 더구나 그를 낳은 어머니도 일찍 사망하여 불쌍하기 짝이 없었다. 한선제는 차마 이런 태자를 폐위시키지 못했다. 이 태자는 결국 즉위하여 한원제(漢元帝)가 되었다. 그러나 그는 우유부단한 성격의 소유자여서 조정을 완전히 수중에 장악하지 못했다. 이 틈을 타서 환관들이 조정을 마음대로 뒤흔들었고, 그로 말미암아 한왕조는 점점 쇠진해져 갔다.

당나라 때에도 이런 역사적 비극이 재연되었다. 당태종의 아들 오왕(吳王) 이각(李恪)은 용맹스럽고 과단성이 있는 인물이었다. 얼굴 생김도 당태종과 흡사했다. 당태종(唐太宗)은 그를 태자위에 앉힐 생각을 여러 번 했지만 그의 생각대로 쉽게 이루어지지가 않았다. 그러는 가운데 당태종 이세민이 죽었다. 그의 뒤를 이은 사람은 태자 이치(李治)였으니, 그가 바로 당고종(唐高宗)이다.

천자의 지위에 오른 당고종은 평범하고 옹졸한 데다 연약하기 그지없어 전권을 휘두르는 측천무후(則天武后)의 규제를 받아야 했다. 그 결과 측천무후에 의해 이씨 가문이 대부분 멸족하는 지경에 이르게 되었고, 결국에는 국호가 주(周)로 바뀌고 여황제의 천하가 되고 말았다.

이상의 예를 통해 볼 때, 세 태자는 다 같이 자신의 황권을 공고히 하지 못했으며 부황(父皇)의 위업을 제대로 잇지 못하였다. 그런 면에서 이미 태자에 오른 아들의 태자위를 폐하려고 생각했던 황제들의 생각에도 일리는 있었다고 할 수 있을 것이다. 한고조·한선제·당태종이 그 많은 아들 중에서 한두 아들만을 총애한 것은 결코 인물의 외모를 보고 총애한 것이 아니라, 아들의 재질과 기량이 마음에 들었기 때문이다. 그래서 아비만큼 아들을 잘 아는 사람이 없다는 말이 있는 것이다.

당나라 명대신 명숭엄(明崇儼)은 영왕(英王) 이철(李哲)의 외모가 당태종을 꼭 닮았다고 여러 번 말했다. 그리고 장설(張說)도 당태종의 화상이 충왕(忠王) 이형(李亨, 당숙종)과 아주 흡사하다고 말했다. 그러나 이들은 모두가 단순히 그들의 외모만을 보고서 황자들을 평가했을 뿐이다. 재능과 기량을 가지고 말한다면 당중종(唐中宗)이 당태종에 비견되는 것은 그야말로 어불성설이다.

한성제(漢成帝)가 매우 총애하는 황비(皇妃)인 조궁(曹宮)이 아들을 낳았다. 그녀는 만나는 사람마다 "우리 애는 앞머리칼 숱이 짙어 효원황제(孝元皇帝)를 꼭 닮았어요"라고 자랑했다. 그러나 설사 그 애가 한원제를 닮았다 하더라도 그가 그런 황제가 될 수 있다는 것은 처음부터가 잘못된 발상이다. 아직 젖먹이인 애가 앞으로 대기가 될지, 무엇이 될지는 그 누구도 장담할 수 없는 일이 아닌가.

죄를 덮어씌우려면 무슨 죄명인들 없겠는가

《좌전(左傳)》에 이런 구절이 있다. "한 사람을 해치우는 데 이유가 없어 근심하는 일이 생겨날까?" 예로부터 한 사람을 사경으로 몰아넣고자 한다면 그에 합당한 이유를 찾는 것은 그다지 어려운 일이 아니었다.

한무제(漢武帝) 때 장탕(張湯)이란 사람이 고심에 고심을 거듭한 끝에 '백록피폐(白鹿皮弊)'라는 돈을 제조하였다.

이때 대사농(大司農) 안이(顔異)는 이 돈이 실제의 가치보다 함량이 떨어진다 하여 장탕이 한 일을 불만족스럽게 여겼다. 이 일을 안 한무제는 장탕을 매우 못마땅하게 여겼다. 평소부터도 장탕과 안이 사이에 알력이 있던 터였는데, 이 일로 인해 장탕은 안이에게 보복하려고 결심하였다.

한번은 안이가 다른 대신들과 한담을 나누고 있는데, 그 내용이 다름 아닌 황제에 관한 것이었다. 황제가 내린 칙서가 적당하지 못

하다는 내용이었다. 그러나 실상 안이는 대신들의 말에 맞장구를
친 것이 아니라, 그렇지 않다고 오히려 반박을 했다. 그러나 장탕
은 이를 빌미로 황제에게 간하여 그를 살해케 했다. 그의 상주 내
용은, 안이가 비록 겉으로는 황제의 칙서가 잘못된 것이 아니라고
말했지만 기실 내심은 다른 사람과 다르지 않았고, 비록 겉으로는
말하지 않았더라도 속으로 반대한 죄는 죽어 마땅하다는 것이다.
그때부터 법률상에는 소위 복비(腹非)라는 말이 생겨났다.

조조는 처음에 최염(崔琰)을 중용하였다. 그런데 얼마 후에 누군
가가 조조에게 최염에 대해 나쁜 소문을 고해 바쳤다. 그러자 조조
는 최염의 관직을 박탈하고 사람을 시켜 그의 일거수일투족을 감
시하도록 하였다. 하루는 감시자가 최염이 불복하는 것 같다고 조
조에게 전하자 조조는 기분이 대단히 나빴다.
'최염은 법적 제재를 받고도 나의 수하에게 눈을 부릅뜨고 불공
스럽게 굴었다. 이것은 나를 업신여긴 것이나 다름없다'라고 생각
했던 것이다.
결국 얼마 후에 조조는 최염에게 사약을 내렸다.

수양제(隋煬帝)가 고영(高熲)을 살해한 뒤 새로운 정령에 대해 토

론하게 했다. 그러나 좀처럼 결단을 내리지 못했다. 이때 설도형(薛道衡)이란 사람이 다른 대신들에게 "만약 고영이 죽지 않았다면 이 정령은 벌써 제정되어 실시되었을 것이네!"라는 말을 했다. 그런데 누군가 이 말을 수양제한테 고자질했다. 대노한 수양제는 명을 내려 설도형을 최고 집정관에 넘겨 문죄하도록 하였다.

이때 배온(裴蘊)이라는 불 난 집에 부채질하듯 모함을 잘하는 이가 있었다. 그가 수양제에게 고했다.

"설도형은 평소부터 폐하를 경시하는 마음을 품고 있었습니다. 그뿐이 아니옵니다. 나라를 모욕하고 화근을 일으켰습니다. 그의 죄증은 매우 모호하여 단죄할 수는 없지만, 그가 지은 죄의 동기는 대역무도하기 짝이 없는 것입니다."

이 말을 들은 수양제는 배온을 극구 칭찬하면서 말했다.

"그의 죄를 분석한 경의 논리는 정말 급소를 찌른 것이라 아니할 수 없소"

그 후 설도형이 사약을 면치 못했던 것은 새삼 말할 필요도 없다.

이러한 세 대신의 죽음은 사실 억울한 죽음이었다.

현명한 군주도 황당한 식언을 한다

황제의 권력은 지고무상하기 때문에 황제의 일언은 금옥과 같은 것이다. 때문에 황제는 일거수일투족에 신경을 써서 자신의 위용과 존엄 및 신의를 살려야 한다. 그럼에도 많은 황제들이 가끔씩 식언하는 경우가 있었다.

한나라 광무제(光武帝)는 건무(建武) 30년(54년)에 수도 동쪽으로 순찰을 나가기로 했다. 이때 한 대신이 상주하였다.

"황제 폐하께서 대업을 계승하신 지 어느새 30년이 되었습니다. 이제는 태산(泰山)에 가서서 봉선(封禪)을 하셔야 하옵니다. 그것이 천하의 홍복을 기원하는 일입니다."

이에 광무제가 칙서를 내렸다.

"과인이 직위한 30년 동안 나라는 여러 차례 전란을 겪어 백성들의 원성이 갈수록 높아지고 있다. 이러한 때 어찌 봉선이란 어리석은 일을 하겠는가? 그래, 과인이 가서 누구를 속이라는 말인가?

어찌 역사에 오점을 남길 이 일을 하겠는가!"

광무제는 앞으로 그 누구든지 축수(祝壽) 등의 미명으로 봉선을 미화하고 성역화한다면 그 즉시 경질시킨 후 변경으로 추방하여 농사를 짓게 할 것이라는 엄령까지 내렸다. 과연 이 일이 있은 뒤부터는 누구도 감히 나서서 봉선을 권하지 못했다.

건무 32년 어느 날 광무제가 《하도회창부(河圖會昌符)》란 책을 읽고 있었는데 책에 "적류지구, 회명대종(赤劉之九, 會命岱宗)"이란 글구가 있었다. 이 글을 읽은 광무제는 크게 감동을 받고 지난날의 훈령을 까맣게 잊어버렸다. 그는 즉시 칙서를 내려 중랑장(中郎將) 양송(梁松) 등을 입궐시켜 옛 황제들이 봉선했던 것을 알아보도록 하였다. 그러자 양송 등이 봉선에 관련된 36건의 일을 정리해서 바쳤다. 광무제는 한무제가 처음으로 태산에 가서 봉선한 격식에 따라 건무 32년 3월에 봉선 대례를 치렀다. 봉선을 금한 자신의 옛말은 까맣게 잊고 말이다.

당태종(唐太宗) 정관 5년(631년)의 일이다. 신하들은 주변의 속국이 모두 귀순하여 천하가 태평하게 되었다는 이유로 태종에게 봉선을 치를 것을 진언하였다. 그러자 태종은 몸소 칙서를 내려 봉선을 하지 못하도록 하였다. 이듬해에 대신들이 또 같은 상주를 올렸다. 그러자 태종은 신하들을 엄하게 훈계하였다.

"경들이 봉선은 황제의 가장 중요한 일이라고 하지만 과인은 그렇게 생각하지 않소. 천하의 백성들이 편안히 살고 배불리 먹는다면 구태여 봉선 의식을 치르지 않아도 될 것이 아니오? 진시황이 태악에서 봉선례를 올렸지만 한문제는 가지 않았소. 그렇다고 후세 사람들 중 누가 한문제가 진시황보다 현명하지 못하다고 할 수 있겠소. 그리고 천지에 제를 지낸다 하여 태산까지 가서 태산 산정에 올라야 할 까닭은 없지 않은가 말이오!"

당태종의 이 말에 대신들은 탄복하였다. 그러나 얼마 후 당태종은 자신의 말을 후회하게 되었다. 눈치를 차린 대신들이 다시 봉선할 것을 상주하였다. 이때 태종은 태연히 그 상주를 받아들였다.

그러나 대신 중의 한 사람인 위징은 봉선이 바람직하지 않다고 생각했다. 그는 봉선에 따른 여러 가지 해를 열거하면서 다른 대신들과 논쟁을 벌일 수 있도록 해 달라는 상주를 올렸다. 그러다가 당시 공교롭게도 하남 하북 지역에 홍수가 발생하여 동행봉선(東行封禪)이 흐지부지되고 말았다. 정관 10년(636년)에 당태종은 방현령(房玄齡)에 명하여 봉선에 대한 예의를 제정하도록 하였다. 그리고 정관 16년 2월 봉선례를 올릴 계획을 세웠다. 하지만 이 또한 다른 연고로 이루어지지 못했다.

광무왕이나 태종은 모두 세상에서 보기 드문 명군이다. 그들은 봉선의 허위성을 잘 알고 있었다. 뿐만 아니라 신하들에게 다시는 봉선례를 제기하지 말라고 훈시까지 하였다. 그런데 불과 몇 년이 지나지 않아 지난날 자신이 한 말을 잊어버리고 말았던 것이다. 그 원인은 어디에 있었던 것일까? 광무는 참언에 미혹되었던 것이고, 태종은 겉치레를 좋아했던 탓이다. 이 모두가 그들의 성스런 명예에 먹칠하는 일이었다.

아무리 강자라도 세상사를 바꿀 수는 없다

세상사를 논할 때마다 사람들은 '명은 하늘에 달렸다'고들 한다. 얼핏 듣기에는 숙명론으로만 들리지만, 이 말에도 일리가 있다.

일세의 영웅 진시황은 천하를 주름잡았던 황제였다. 진 제국을 세운 그는 어느 날 회계산(會稽山, 오늘날의 절강성 소흥 남동쪽의 명산)을 유람하러 절강을 건너게 되었다. 절강 주변을 바라보던 그는 자신이 천추만대에 길이 빛날 위업을 창업했다고 믿었다. 그러나 그는 항적(項籍, 항우의 본명)이 호시탐탐 기회를 엿보고 있었던 사실이나, 유방(劉邦)이 잔혹하기 그지없는 진나라를 멸망시킬 결심을 하고 있었던 것은 까맣게 모르고 있었다.

동한 말기에 조조는 각지에서 할거하고 있던 제후들을 하나하나 평정하면서 천하의 일인자가 되려는 꿈을 꾸고 있었다. 기회만 오면 천하의 대권을 손아귀에 넣으려는 영웅심을 키워 나갔던 것이다. 그러나 그는 사마(司馬)씨가 대권에 접근하고 있는 사실을 뒤늦게까지 알지 못했다.

남북조의 양무제(梁武帝) 숙연(蕭衍)은 숙보권(蕭寶卷)의 목을 베고 남제(南齊)의 대권을 탈취하였다. 그러나 이때 후경(後景)이 한북(漢北)에서 태어나, 후에 그가 양나라 강산을 그의 손으로 끝장낼 것이라는 사실은 알지 못했다.

당태종이 형인 건성(建成)을 주살하고 동생 원길(元吉)을 살해한 후, 부왕(父王)을 압박하여 밀어낸 다음 천자(天子)의 자리에 올랐다. 그렇지만 그도 그 당시에 측천무후가 병주(幷州, 오늘날의 산서성 진양)에서 태어나 이씨 정권이 40년 만에 무씨의 손아귀에 떨어질 것이라는 사실은 조금도 예상하지 못했다.

당선종(唐宣宗) 이침이 황하 양안을 수복하고 감숙의 넓은 대지를 석권하였다. 이쯤 되면 주변의 소국이나 제후들 중 그에 대항할 만한 자가 아무도 없었다. 오히려 서로 다투어 당에 귀순하고 공물을 납부하였다. 이렇게 이침이 나날이 강대해져 갈 때, 주온(朱溫)이라는 사람이 세상에 태어났는데, 그가 30여 년 후 강력한 병사를

키워 천하의 한 귀퉁이를 차지하고 곧이어 당나라를 뒤엎을 것이
라는 사실은 까맣게 몰랐다.

이처럼 천하의 풍운이란 변화무쌍한 것이기에, 단순히 지략이
나 모략만으로는 도저히 예방할 수가 없는 것이다.

짧지만 찬란했던 천하의 현왕

진시황이 제나라·초나라·연나라·조나라·위나라·한나라를 소멸하고 중국을 통일하였다. 그러나 그의 황위(皇位)는 1세대밖에 전하지 못했다. 그가 애써 세운 진나라는 진2세 호해(胡亥)대에서 수명을 다하고 말았다. 그것은 진시황 말기와 2세 때에 너무나 잔혹한 통치를 실시하여 백성들의 반감을 야기시켰기 때문이었다. 진승(陳勝)과 오광(吳光)이 대택향(大澤鄉)에서 반기를 들고 진나라를 뒤엎겠다는 국책을 내걸었고, 그들의 뒤를 이어 유방과 항량(項梁)이 군사를 일으켜 여기에 호응했다.

항우(項羽)와 항량은 모두 초나라 장군인 항연(項燕)의 후대였다. 진나라를 뒤엎으려는 군사 행위가 정의로운 일이라는 것을 호소하기 위하여 항량은 모략가인 범증(范增)의 건의를 받아들여 양몰이꾼이던 초왕의 한 후예를 회왕(懷王)으로 추대하였다. 초의 회왕은 반대 동맹의 구심점이 되었다. 회왕이 항량에 의해 군주로 옹

립되었다가 다시 항우에 의해 살해되기까지는 불과 3년밖에 걸리지 않았다. 그러나 회왕은 이 3년을 헛되이 보내지 않았다. 훗날 소동파는 회왕을 지극히 추앙하여 '천하의 현왕'이라고 칭송했을 정도였다.

진나라 군대와의 격전 중에 진승·오광과 항량이 전쟁터에서 모두 전사하였다. 그러자 회왕은 군대 지휘에 통일성을 기하기 위해 대장군인 여신(呂臣)과 항우의 군대를 연합시켰다. 당시 항우는 젊어 혈기가 왕성했지만 위엄이 있는 회왕의 명령을 함부로 거역하지 못했다.

회왕은 인재를 알아볼 줄 아는 군주였다. 송의(宋義)의 병법이 범상치 않은 것을 보고 그를 상장군으로 파격 승진시켰다. 그 지위는 항우보다 윗자리였다. 회왕의 통솔 아래 진나라군에 대항한 초군의 사기는 날이 갈수록 높아졌다. 반란군을 진압하던 진나라군은 그 기세가 약화되면서 점차 수세에 몰리게 되었다. 그러자 회왕은 신속히 진나라 군대를 소탕하기 위해 군사를 나누어 함양(咸陽)으로 진공하게 하였다. 그때 회왕은 여러 장군들과 한 가지 약속을 하였다. 누구라도 먼저 함양을 함락시키면 곧 그에게 관중의 왕으로 봉하겠다는 것이었다.

항우의 할아버지 세대와 부친 세대가 모두 진나라 통치자의 손에 목숨을 빼앗겼기에 항우의 적개심은 하늘이라도 찌를 듯했다. 회왕은 항우가 난폭하고 거칠어 사람들을 함부로 죽이는 등 성격의 포악함이 우려되어 먼저 함양을 공격하는 일을 꺼렸다. 그래서 항우가 유방과 함께 함양으로 쳐들어가겠다는 요청을 받아들이지 않고 대신 함양에 대한 공격권을 유방에게 먼저 주었다.

관중으로 진군하는 도정에서 유방은 군기를 엄히 하였다. 이러한 유방의 진군 전략은 타당했고 장병들의 사기는 충천하였다. 유방의 군대는 가는 곳마다 군기를 앞세워 백성들에게 피해를 주지 않았다. 백성들의 호응을 받은 유방의 군대는 승승장구하면서 관중으로 내달려 마침내 함양을 함락시키고 진나라를 멸망시켰다.

이와 반대로 항우의 진공은 매우 어려웠다. 단지 힘으로만 진군하려 했기 때문에 성 하나하나를 격파해야 간신히 진군할 수 있었다. 뒤늦게 항우가 관중으로 임관했을 때는 유방이 이미 3진을 다 평정시킨 뒤였다. 단순히 군사력으로만 본다면 유방의 병력은 항우의 병력보다 훨씬 약세였지만 함양 정복은 유방이 먼저 이뤘던 것이다.

일찍부터 천하의 대권을 노린 항우는 관중이 유방의 손에 들어가자 심사가 뒤틀렸다. 그리하여 항우는 회왕에게 압박을 가하여 원래의 약속을 포기하라는 엄포를 놓았다. 그러나 회왕은 식언을 하는 것은 도의를 잃는 일이라며 약속한 대로 유방을 관중왕으로 봉하려 했다. 그러나 항우가 강력히 반대하였으므로 끝내 유방을 관중왕으로 봉하지는 못 했다. 그러나 이 일을 통해서 회왕의 의리와 그의 지도력을 엿볼 수 있다.

초회왕은 매사에 주도권을 장악하면서 명확한 결단을 내렸다. 이것은 강권에 억눌려 지낸 어리석은 군주로서는 도저히 감당할 수 없는 일이다. 항우의 병력이 천하를 호령할 수 있을 만큼 강대했다지만 회왕은 항우에게 구애되지 않았던 것이다. 그는 여러 장병의 힘을 연합했고, 송의와 항우에게 군사를 주어 조(趙)나라를 구원하였으며, 관중을 점령한 후 진나라를 멸망시키는 역사적 위훈을 남긴 명군으로서 찬란한 역사의 한 페이지를 장식했다.

사마천은《사기(史記)》에 마땅히 초회왕을 다른 제왕과 함께〈본기(本紀)〉에 수록해야만 했다. 즉 진시황과 그 2세인 호해 다음인 한고조 앞에 초회왕을 수록해야만 했던 것이다. 하지만 태사공(太史公)이 항우를 위해〈본기〉를 썼기 때문에 초회왕의 사적을 간단히 항우의 사적 뒤에만 적어 놓았다. 이는 태사공의 실수라 아니할 수 없다.

유방과 항우, 그 성패의 열쇠

유방과 항우가 기병하여 일을 도모할 때는 모두가 초회왕의 수하에 있던 장군이었다. 그때 유방이 관중에 쳐들어가 진나라를 멸망시키자 진의 왕자인 자영(子嬰)이 유방에게 투항하였다. 유방 수하의 장병들은 자영을 살해해야 한다고 주장했으나 유방은 이에 반대했다.

"아니다. 초회왕께서 나를 앞세워 관중을 치게 한 것은 다 이유가 있다. 초회왕께서는 나를 인품이 후하고 덕성이 너그럽다고 인정하시어 나에게 그 큰 중임을 맡긴 것이다. 지금 자영은 이미 우리에게 투항한 사람인데 그를 살해한다면 앞으로의 일에 있어서 어찌 길한 일이라 할 수 있겠는가."

그 후 유방은 진의 왕자 자영을 관련 부처에 맡겨 문죄하도록 하였다. 그러나 항우는 자영을 살해했을 뿐만 아니라 함양에서 이미 투항한 사람들과 무고한 백성들을 맘대로 학살하였다. 항우는 이

것을 잘한 일이라 자처하며 사람을 시켜 초회왕에게 자신의 '전쟁 성과'를 보고하기까지 했다. 누구라도 먼저 함양을 공략한 사람에게 관중왕을 하사하겠다던 초회왕의 눈에 들기 위함이었다. 하지만 일이 자신의 뜻대로 되지 않자 항우는 초회왕에 반기를 들고 나섰다.

"초회왕은 우리 가문의 무신군(武信君)이 추대하여 왕이 됐을 뿐이오. 그는 아무런 공이 없소이다. 지금 천하를 평정한 것은 초회왕의 공이 아니라 여러 장군들과 나 항우가 피 흘려 싸운 덕분이오. 초회왕은 공덕이 없으니 우리가 천하를 나누어 가집시다."

항우는 겉으로는 초회왕을 황제로 추대하였지만 결국 그를 살해하였다.

유방과 항우를 비교해 볼 때, 유방은 순조롭게 함양을 먼저 공략했지만 초회왕이 내린 계율을 지켰다. 그러나 항우는 초회왕이 만든 맹약을 지키지 않았다. 따라서 당시 유방과 항우의 마지막 승패는 유방 쪽으로 기울었다고 하는 사실을 일반 백성들도 이미 알고 있었던 것이다.

유방과 항우의 차이는 함양에 입성하여 진의 궁전을 처음 보았을 때 그들이 보인 태도에서도 극명하게 드러난다. 유방은 먼발치에서 위풍당당한 진나라의 궁전을 보고 속으로 감탄하여 말했다.

"아! 사내대장부라면 모름지기 저런 곳에서 살 수 있을 정도는 돼야 하는 것이 아닌가?"

그런데 항우는 유방과 달랐다. 그가 처음 진나라 궁궐을 보았을 때, 숙부인 항량(項梁)에게 다음과 같이 말했다.

"숙부님, 앞으로 제가 저기에서 군림하는 사람이 될 것입니다."

이와 같이 성공한 유방과 실패한 항우의 차이는 실로 컸다고 말할 수 있다.

포악한 군주는 인명을 경시한다

'문경의 치(文景之治)'라는 말이 있다. 경제(景帝) 유계(劉啓)가 문제(文帝)의 사업을 계승하여 태평성세를 이루었다는 뜻이다. 그래서 후세 사람들은 경제(景帝)를 현명한 인군(人君)이라고 일컬었다.

그런데 경제의 천성(天性)을 살펴보면 그는 결코 인자한 현군이 아니라 독하고 포악한 사람임을 알게 된다.

그가 동궁에서 태자가 되었을 때였다. 오왕(吳王)인 유비의 아들이 그와 돈 따기 놀이를 하였다. 한번은 그들 사이에서 다툼이 일어났다. 경제는 다짜고짜 망치를 들어 오왕 아들의 머리를 내리쳐 그 자리에서 죽여 버렸다. 오왕의 마음속에는 이 일이 언제나 깊숙이 박혀 있어 훗날 재앙의 불씨가 되었다.

경제가 즉위한 다음에도 그의 독한 천성은 고쳐지지 못했다. 그는 조조(晁錯)를 기용하여 국사를 위탁하였다. 조조는 경제를 도와 변방의 지방 세력을 굴복시켜 귀순케 하였으며 조정을 관리하여

64

나라의 기강을 바로 세웠다. 훗날 지방 반역자들의 병력이 다시 강대해지자 간신 원앙(袁盎)은 조조를 살해하여야만 난군이 물러갈 것이라고 경제에게 진언했다. 조조가 한나라에 혁혁한 공로가 있음에도 불구하고 경제는 원앙의 상주를 그대로 받아들여 모반이란 당치않은 죄명을 조조에게 덮어씌우고 그의 전 가족을 멸족시켰다.

7왕이 대란을 일으켰을 때다. 경제는 용감히 적군을 무찌른 자에게는 큰 상을 주겠다고 공표하였다. 그러나 반란에 참가하는 자 중 300석(石) 이상의 국록을 받는 자는 모두 목을 자를 것이며 군령에 불복하거나 집행이 여의치 않은 자는 모두 허리를 잘라 시장에 내걸겠다는 칙령을 내렸다. 이처럼 경제의 잔인한 본성은 진시황이나 수양제보다 더 하면 더 했지 결코 덜하지 않았다.

주아부(周亞夫)가 반란군을 평정하고 승상이 되었다. 그런데 국정을 의논할 때마다 서로 의견이 맞지 않아 심기가 몹시 불편하였다. 그는 병을 빙자하여 승상직을 사임하였다. 경제는 주아부가 공이 많아 자기까지 얕잡아 본다고 생각하고는 조만간 주아부를 처단해 버리려고 작심하였다.

그리하여 한번은 주아부를 연회에 초청했다. 그런데 주아부 앞에는 수저가 놓여 있지 않았다. 경제가 주아부에게 비아냥조로 말을 건네었다.

"아마도 경의 집처럼 편리하진 못할 거요."

경제(景帝)의 심성이 얼마나 독했으면 군신의 의리마저 지키지 않고 신하에게 권모술수를 썼겠는가? 그러다가는 결국 이런저런 이유를 붙여 주아부를 투옥시켰다. 주아부는 감옥에서 분통을 이기지 못하고 단식을 하며 한 많은 일생을 마쳤다. 2대에 거쳐 한나라에 충성을 바쳐 온 일대 충신이 이렇게 경제의 간계술에 의해 목숨을 잃었던 것이다.

광무제(光武帝)가 풍이(馮異)에게 명하여 적미군(赤眉軍)을 징벌토록 하였다.

"과인이 말하는 징벌이란 성을 공략하고 땅을 점령하는 것만이 아니네. 경은 은위(恩威)를 겸용하여 적미군을 안정시켜야 하네. 경의 군사들은 용맹하고 죽음을 두려워하지는 않지만 그 대신 약탈을 함부로 하는 경향이 있네. 그러니 경은 병사들을 잘 단속해야 하네. 지방의 백성들이 군사들에 의해 피해를 입어서는 절대로 안 되네."

이처럼 광무제는 인치로써 나라를 다스리고 백성들의 고통을 헤아릴 줄 알았다. 광무제와 경제가 반역군에 대해 대처하는 방식을 볼 때 그 차이는 너무나도 크다고 하겠다.

명군은 귀천이 아닌 공에 따라 상을 내린다

위청(衛靑)과 곽거병(霍去病)은 둘 다 한나라의 명장으로 곽거병은 위청의 외조카였다. 위청이 대장군으로 있을 때 곽거병은 한낱 교위(校尉)에 불과했는데 흉노와의 전투에서 곽거병의 전공이 혁혁하여 관군후(冠軍侯)에 봉해졌다.

그런데 위청은 싸움에서 패배하여 그 수하에 있던 여섯 명의 장군 중 한 명이 군법에 의해 제재를 받았고 다른 한 장군인 조신(趙信)은 한군을 배반하고 흉노에 투항해 버렸다. 이러한 이유로 위청은 아무런 상을 받지 못했다.

훗날 위청과 곽거병이 동시에 한무제의 명령을 받고 각각 5만의 철기(鐵騎)로 흉노를 공격하였다. 곽거병은 또다시 전공을 올려 식읍으로 5,800여 호를 하사받았으며, 수하의 편장인 여섯 명도 후작으로 봉해지든가 아니면 식읍을 하사받았다. 그러나 위청은 전공이 별로 없어 상을 받지 못했으며 수하의 군졸도 진급한 사람이 없었다. 이는 한무제가 귀천(貴賤)으로 사람을 평가한 것이 아니라 공에 따라 상을 주었기 때문인데, 이러한 행동이야말로 과연 명군의 도리라 할 수 있을 것이다.

한마디 말로 진급하고
한 가지 일로 목이 잘린다

진시황이 지고무상의 황권을 확립한 후 제왕의 권위는 확장될 대로 확장되어 세상을 마음대로 주무르기에 이르렀다. 황제 신변의 신복들이나 수하의 관리들이 황제를 받드는 일은 마치 호랑이를 받드는 일과 같았다. 말 한마디를 잘못했거나 처사를 한 번 게을리하면 어떤 봉변을 당할지 몰랐다. 마치 매일 세 치 얼음판을 건너듯이 조심하고 조심해도 하루아침에 서민으로 좌천된다든가, 아니면 머리가 목에서 달아나기가 일쑤였다.

군주들은 자신의 군권은 신(神)이 하사했다고 하여 신성불가침을 강조하였다. 황제는 갖가지 수단을 이용해 문무백관을 다스렸고 천하백성을 부려먹었다. 이것이 통치 지위를 유지하는 가장 효과적인 수단이었다.

황제들은 구중궁궐에서 생활했기 때문에 바깥세상과는 단절되어 있었다. 때문에 세상사를 상세히 알 수 없었으며 문무백관들의 움직임도 자세히 알 수 없었다. 또 황제는 측근들이나 관리들의 만남과 접촉이 극히 제한되어 있었기 때문에 왕왕 어느 한 신하의 한 마디 말이나 그의 행동에 따라 판단을 내리기가 쉬웠다. 그래서 '일언관, 일사관(一言官, 一事官)'이 많았던 것이다.

한무제(漢武帝)가 집정할 때였다. 미앙궁(未央宮)의 어마관(御馬官) 상관걸(上官桀)은 말[馬]을 아주 잘 사육했다. 한무제는 그와 매우 가깝게 지냈다.

한번은 한무제의 몸이 매우 편찮아 조회도 나가지 못했고 밖으로 소풍 나가지도 못했으며 수렵 같은 것은 아예 엄두도 내지 못할 때가 있었다. 그러다가 병이 어느 정도 낫게 되어 궁중을 돌아보다가 어마(御馬)들이 이전보다 눈에 띄게 여윈 것을 알았다. 애마가인 한무제가 상관걸을 불러 다짜고짜 질책하였다.

"그래, 과인이 중병에 걸려 다시는 어마를 보지도 못할 것이라 생각한 건 아닌가?"

화가 머리끝까지 난 한무제는 그 즉시 상관걸을 투옥시키려 했다. 이때 그가 태연스럽게 황제에게 사연을 아뢰었다.

"황제 폐하, 소신이 어찌 감히 그런 생각을 하겠습니까? 황제 폐하께서 귀체가 불편하시다는 말을 들은 소인은 근심이 태산 같아

밤잠도 제대로 자지 못했습니다. 주야로 황제 폐하의 옥체 건강에 근심이 쌓여 말 먹이는 일마저 잊게 되었습니다. 정말 죽을죄를 지었습니다. 폐하께서 죽이시든 살리시든 뜻대로 하옵소서. 폐하의 옥체가 만강하시다면 소인은 구천에서도 한이 없겠습니다."

상관걸은 실성통곡하며 말을 제대로 잇지 못하였다. 상관걸의 충성에 감동된 황제는 그를 더욱 중시하게 되어 말먹이꾼에 불과한 그를 기도위(騎都尉)로 승급시켰다. 한무제 말년에는 상관걸로 하여금 어린 황제를 보필하도록 하였으니 정말 황은을 혼자서 다 받았다 해도 과언이 아닐 것이다.

전한 때 김일제(金日磾)라는 신하가 있었다. 그는 어릴 때부터 입궁하여 궁내에서 말을 먹였다. 한무제가 연회를 베풀고 말 구경을 할 때면 후궁 사람들이 그를 수행하였다. 말먹이꾼들이 말을 끌고 황제 앞을 지날 때면 누구나 다 곁눈질로 황제의 위용을 훔쳐보았는데 김일제만은 정색한 채로 언제나 정면을 응시하면서 황제 앞을 지나갔다.

김일제가 사육한 말은 다른 말보다 살이 더 쪘고 기름기가 반들반들하게 흘렀다. 김일제의 태도에 한무제는 감동되어 직접 그를 마감(馬監)으로 승진시켰다. 훗날 김일제는 부마도위(附馬都尉)까지 되었고 한무제가 죽은 뒤에는 유서에 따라 상관걸·곽광(霍光)과 더불어 보정대신(輔政大臣)에 올랐다. 한황실의 특별한 총애와 존경을 받은 것이다.

김일제나 상관걸은 모두 말먹이꾼이었는데 황제가 그들을 알아보고 기용했으니 한무제도 아주 현명한 황제라 하겠다.

이와 반대되는 예가 있다. 한무제 때 의종(義從)이라는 우내사(右內史) 관리가 있었다. 의종도 유씨의 한나라 황실을 위하여 적지 않은 공을 세운 사람이다. 그런데 한 가지 생각지 않던 사소한 일로 인하여 참살당하였다.

하루는 한무제가 어가를 타고 정호(鼎湖)로 갔다. 그런데 그때 병에 걸려 그 못가에서 얼마간 체류하게 되었다. 한무제는 병이 나은 뒤 의종이 관할하는 감천(甘泉) 지역을 시찰하였다. 한무제가 감천으로 가는 길은 울퉁불퉁하여 그야말로 말이 아니었다. 황제가 행차한다는데도 길 수리를 전혀 하지 않았던 것이다. 이때 한무제는 신하를 의심하고는 대노하여 수행원들에게 고래고래 소리를 질렀다.

"의종이란 작자는 그래 내가 정호에서 살아날 줄 몰랐다는 건가? 그러니 과인이 감천으로 행차하는 일이란 없으리라고 생각했

겠지!"

이 일이 있은 뒤로부터 한무제는 차차 의종을 멀리하였다. 그 후 재산세를 탈세한 부상(富商)을 두둔한 것을 죄로 삼아 의종을 참살하였다.

상관걸·김일제·의종 등은 모두가 별로 중요한 일도 아닌 것으로 황제의 신경을 건드렸다. 그런데 상관걸은 말 한마디로 부귀영화를 누리게 되었고, 의종은 영문도 모른 채 변명 한마디 못하고 살해당했다. 전자는 생각지도 못 한 행운이었고 후자는 너무나 큰 불행이었다.

스스로 단죄한 자를 오히려 높이는 제왕의 통치술

전한의 명장 이광(李廣)은 여러 번 흉노의 침공을 물리친 전공이 있어 조정으로부터 중시되던 인물이었다. 흉노병들은 이광을 '비장군(飛將軍)'이라 불렀다. 후일 이광의 관직이 무기상시(武騎常侍)에 이르렀고, 농서와 농북의 태수로도 있었다. 그런 그가 태릉위를 죽여 개인적인 원수를 갚은 적이 있었다. 그러나 정작 그를 죽이고 보니 아무래도 잘못된 일이었다. 그래서 그는 스스로 상주하여 죄를 문책해 줄 것을 청원하였다. 그는 한무제가 반드시 엄단할 것이라고 생각했다. 그런데 뜻밖에도 한무제는 너그럽게 이 일을 처리해 주었다.

"사사로운 원수를 갚는 것은 황제인 과인도 저지를 수 있는 일일세. 장군의 행위는 단죄할 것까지 안 되네. 관모를 벗고 맨발로 입궁하여 죄를 내리기를 청원하겠다는 상주는 과인이 바라는 바가 아닐세."

이광은 그제야 안도의 숨을 내쉴 수 있었다.

선제(宣帝) 때 신한 장창(張敞)이 무고하게 부하 서순(絮舜)을 죽였다. 사후에 자신이 너무 과분했다는 것을 느끼고 황제에게 이실직고하기로 결심했다.

"소신은 경조(京兆)에서 관직에 있으면서 수하인 서순을 매우 어여쁘게 생각했습니다만 후일 소신을 탄핵해야 한다는 사람들이 있었습니다. 그때 당시 서순은 농담 삼아 소신을 '5일 경조(京兆)'라고 놀려 댔습니다. 그때 소신은 그가 아주 배은망덕하다고 생각했습니다. 다른 사람 앞에서 소신을 모욕한 그가 저주스러웠습니다. 그리하여 구실을 대고 그를 살해하였습니다. 소신이 무고한 수하를 살해한 것은 잘못된 처사이고 권력을 남용한 것이오며 공과 사를 구분하지 못한 것이옵니다. 사실의 시말을 황제 폐하께 아뢰오니 황제 폐하께서는 죄를 내려 주시옵소서. 소신은 죽어도 원망이 없을 것입니다."

선제는 장창의 성실함에 감동되어 그를 문책하지 않았을 뿐만 아니라 오히려 그를 자사(刺史)로 진급시켰다.

한조의 법령은 성실함을 선양한 것 같다. 이광이나 장창이 비록 사람을 오살했지만 사후에 사실을 은폐하려 하지 않고 황제에게 밝혀 아뢰자, 황제는 그들의 성실성에 감동하여 문책하지 않은 것에서 알 수 있다. 나아가 이광과 장창의 성실성을 한결 높이 치하해 주기까지 했다. 이것은 윗사람을 속이고 아랫사람을 우습게 여기는 사람들에게 경고가 될 만하다.

한무제 때의 대신 장탕은 정위(廷尉), 어사대부(御史大夫) 등의 관직을 두루 지냈다. 그는 한무제 때 적지 않은 국가의 방침을 결정하는 데 참여하여 이를 제정하고 관철시킨 사람이다. 때문에 한무제도 그를 매우 총애하였다.

훗날 노갈거(魯竭居)의 사건이 터졌다. 한무제는 그 시말을 장탕에게 물었다. 장탕은 사실 그대로 한무제에게 아뢰지 않았고 그 일에 대해 별로 관심을 두지 않았다. 한무제는 장탕의 태도에 무척 기분이 상했다. 한무제는 장탕의 재능과 공로가 어떻든지 관계치 않고 과감히 그를 처단해 버렸다. 한무제가 장탕을 죽이고 이광을 사면한 것은 같은 성격의 일을 다른 방식으로 처리한 것을 알게 해준다. 이를 통해 한무제의 고명함과 냉엄한 통치술을 엿볼 수 있으며, 역대 황제들이 황권을 공고히 하기 위하여 얼마나 고심했는가를 알 수 있다.

바쁜 중에도 국가의 대소사를 직접 관장하다

한무제 유철(劉徹)은 총명하고 기억력이 좋으며 능력이 출중했다. 그는 재위 기간 중에 국가의 정책을 거의 모두 직접 결정하였다. 반면 그는 승상 대신들의 선발과 등용에는 별로 신경을 쓰지 않았다. 그러나 지방의 고급 관리인 군태수(郡太守)를 임명하고 기용하는 데는 매우 신경을 썼다.

장조(莊助)가 회계(會稽, 오늘날의 절강성 소흥) 태수로 임명된 후 몇 년간 중앙과 아무런 연계도 없었다. 그러자 한무제는 그에게 편지를 보내어 그를 격려하였다.

경은 조정의 관직을 탐내지 않고 일편단심으로 고향만을 사랑하기에 회계 군수로 임명한 것인데, 어이하여 오랫동안 소식이 없는지 궁금하기만 하오.

오구수왕(吾丘壽王)이 동군(東郡, 오늘날의 하남성 낙양)의 지방관으로 있을 때도 한무제는 그에게 편지를 보냈다.

경이 중앙의 관직에 있을 때 보니 지혜가 충만하였는데, 어이하여 지방 장관으로 임명받은 후에는 직무에 충실치 않았소. 들리는 바에 의하면 그곳에 비적이 출몰한다니 어인 일이오. 과인과 가까이에서 일할 때는 그렇지 않았는데 어찌 된 영문이란 말이오.

급암이 회양(淮陽) 태수로 임명되었을 때다. 그는 태수직을 달갑게 받아들이지 않았다. 이때 한무제가 그에게 말했다.

경은 회양이란 곳이 맘이 들지 않는다는 것이오? 과인이 경을 회양 군수로 임명한 것은 다 이유가 있어서 그러는 것이오. 지금 회양 백성들은 관리들에게 불만이 여간 아니오. 경이 회양의 일을 잘 처리하여 백성들을 안정시킬 수 있다고 믿기에 경을 그리로 보내는 것이오."

이상 세 가지 예를 통해 볼 때 한무제는 지방 각 군의 사정을 손금

보듯 잘 알고 있는 듯했다. 지방 관직으로 내려간 사람들은 자신의 모든 행실이 한무제의 눈에 다 비춰지고 있다는 것을 수시로 직감했을 것이다. 그래서 자신의 직무에 더 충실하지 않을 수 없었다.

언로를 넓게 열어 간하는 바를 수렴하다

자고이래로 권고하는 바를 수렴하여 나라를 부흥시킨 예는 많다. 한(漢)나라만 보더라도 원제(元帝)·성제(成帝)·안제(安帝)·순제(順帝)·영제(靈帝) 등은 평범한 군주에 지나지 않았다. 그러나 그들은 업무가 시작되면 군신들을 모아 부담 없이 국사를 의논케 했다. 그들은 군신들의 의논을 통해 받아들일 만한 의견은 곧바로 수렴하여 실행하였다.

한원제 때 주애군(珠崖郡, 오늘날의 해남 경산 동남) 산남현에서 반란이 일어났다. 많은 대신들은 격분한 나머지 당장 군대를 보내 반란군을 토벌하여야 한다고 역설했다. 이때 유독 대조(待詔)인 가연지(賈捐之)만이 다른 견해를 갖고 있었다. 그는 주애의 백성들이 반란을 일으킨 원인은 가뭄이 들어 극심한 식량난에 허덕이고 있기 때문이라 생각했다. 때문에 주애군의 세금을 면제해 주고 창고를 열어 백성들에게 식량을 나누어 준다면 백성들의 반란은 저절로

가라앉을 것이라 주장했다.

그렇지 않고 군대를 파견하여 무력으로 해결하려 한다면 국력만 소비하고 충돌만 일으키게 되어 오히려 긁어 부스럼이 될 수도 있다고 주장했다. 한원제는 가연지의 건의를 받아들여 주애군의 세금을 면제하고 창고의 식량을 풀어 백성들에게 나눠 주었다. 그랬더니 과연 백성들의 반란은 스스로 그치게 되었고 주애 일대는 다시 안정되었다.

흉노의 호한야(呼韓邪) 선우(單于)가 여러 차례 한나라 원제에게 공문을 보내 왔다. 내용은 양국이 다 변방의 접경 지역에 있는 군사 병력을 감원하여 민생을 도모하자는 건의였다. 흉노의 서신을 받은 원제는 군사들을 소집하여 이 일을 의논케 하였다. 많은 사람들은 흉노의 간청을 받아들이는 것이 의리라고 했다. 그런데 변방의 사정을 잘 알고 있는 낭중후(郎中侯)만은 다른 의견을 내놓았다.

변방의 수비를 허술히 하였다가 만약 흉노가 기회를 엿보아 기습하면 그에 적절히 대처하지 못할 것이고, 그 후에는 어찌 될지 상상도 못할 것이라는 견해였다. 그는 원제에게 흉노의 건의를 받아들일 수 없는 이유 10가지를 들어 자신의 주장을 역설하였다. 원제는 그의 상주를 받아들여 변방의 병력을 더욱 강화하였고, 경각

심을 조금도 늦추지 않았다.

한나라 성제 때다. 흉노에서 한나라로 사자를 보내 왔다. 사자는
한조에 귀순하겠다는 의사를 표명하였다. 많은 신하들이 흉노의
투항을 받아들여야 한다고 주장했으나 광록대부(光祿大夫) 곡영
(谷永)만은 흉노의 진의를 믿기 어려우니 쉽사리 간계에 빠져서는
안 된다는 의견을 내놓았다. 성제는 곡영의 건의를 받아들였다. 후
일 이런저런 동향을 보면서 흉노의 진심을 헤아리자, 과연 그들의
의향에는 귀순할 마음이 없었음을 알게 되었다.

애제(哀帝) 때 흉노의 선우가 한실 조정에 공물(貢物)을 바쳤다.
여러 신하들은 흉노와 내왕을 해 봤자 재물만 허비했지 별로 이익
이 없을 것이니, 앞으로는 흉노와 가깝게 내왕하는 일은 삼가는 것
이 좋겠다고 주장했다. 흉노의 사자는 이 말을 듣고 화가 나서 돌
아가 버렸다. 이때 황문랑(黃門郎) 양웅(揚雄)이 애제에게 흉노의
요구를 들어주는 것이 국익에 이로울 것이라는 내용의 상주를 올
렸다. 즉 상대국의 오해를 불러일으키는 일은 바람직하지 못하다
는 골자의 상주문이었다.

양웅의 상주문을 본 애제는 일리가 있다고 여기고 급히 흉노의

사자를 다시 불러들였고, 앞으로 흉노가 정기적으로 한나라 황제를 알현할 수 있도록 허락하였다.

한나라 영제(靈帝)때 양주(涼州) 지역에서는 전쟁이 그치질 않았다. 한나라 조정에서는 여러 번 파병하여 평정하려 했지만 생각대로 되지 않았다. 사도(司徒) 최열(崔烈)을 대표로 하는 여러 신하들은 양주를 지키기보다는 아예 포기하는 편이 낫다고 주장했다. 애써 양주를 지키더라도 앞으로 시끄러운 일들이 자주 생길 것이라는 이유 때문이었다. 그러나 의랑(議郎) 부변(傅燮)은 그러한 주장에 동조하지 않았다. 그는 양주를 지키는 것이 손해보다는 이득이 더 많을 것이라고 역설했다. 영제는 결과적으로 부변의 의견에 따라 양주를 철통같이 지켰다.

가연지 · 곡영 · 양웅 · 부변 등은 일반적인 사대부에 지나지 않았다. 그들의 관직이 높았던 것도 아니고 명망이 높았던 것도 아니었다. 그러나 그들은 국가의 명운이 걸려 있던 시각에 나라를 구할 수 있는 좋은 방책을 제시하였고 황제는 그들의 건의를 받아들여 국가를 위기에서 건졌던 것이다. 이러한 일들은 사실 당시의 역사적 상황에서 볼 때 그리 흔치 않은 일이다.

한나라의 원제 · 성제 · 애제 · 영제 등도 모두 명군이라고는 할 수

없는 인물들이었다. 그러나 그들은 언로를 넓게 열어 놓아 여러 의
논을 수렴하면서 최종적인 결론을 내렸다. 이는 후세에도 좋은 귀
감이 되었다. 다수의 주장을 물리치고 더군다나 하위 관직에 있는
관리의 건의를 받아들이는 일은 실로 쉽지 않은 것이다. 만약 황제
가 매사를 군신들과 의논하며 그들의 좋은 의견을 수용하여 정확
한 결정을 내린다면 천하는 언제나 태평할 것이다.

편견은 인재 보는 눈을 멀게 한다

한나라 선제(宣帝) 유순(劉詢)은 유생들을 별로 좋아하지 않았다. 왜냐하면 유생들이 시대 변화에 발을 맞추지 않고 언제나 예전의 준칙에 얽매이는 것이 못마땅했기 때문이었다. 그리하여 선제는 유생들이 명(名)과 이(利)의 경중을 제대로 판단하지 못한다고 여기고 그들을 중용해서는 안 된다고 생각하고 있었다.

그때 광형(匡衡)이란 유생이 있었는데 평원군(平原郡, 오늘날의 하북 평원 남쪽)의 문학관에 다녔다. 광형은 경서에 통달하였고 학문이 깊어 그에 비교할 사람이 없다고 높이 평가되었다.

이를 잘 알고 있는 그곳의 학자들이 광형을 조정에 추천하였다. 광형처럼 학식이 높은 대유학자가 지방의 한 벽지에서 하찮은 말단직에 있다는 것은 천부당만부당한 일이니 조정에서 그를 중용하기를 바란다는 추천문이었다. 중앙에서는 소망지(蕭望之)·양구하(梁丘賀)가 추천서를 접수하여 처리하고 있었다. 소망지는 황제에게 '광형은 경학(經學)에 능통하고 그의 학설은 정통 학파의 설을 계승한 것이니 한번 읽어 볼 만하다'고 상주하였다. 그러나 황제는 원래 유생들을 중용하지 않으려고 했기 때문에, 소망지의 상주에도 불구하고 광형을 원래의 곳으로 돌려보냈다.

송(宋)나라의 사마광(司馬光)이 이 일을 두고 상당히 혹평했다. 보통 평범한 유생이라면 나라를 다스리는 데 도움을 주지 못하겠지만, 진정한 유학자가 있는데 그를 등용하지 않는다는 것은 천하 어디에도 없는 도리라고 선제를 비난했다. 또 유생들이 옛 준칙을 내세운다고 하는 것은 진시황과 이사(李斯)가 유생을 생매장할 때 이용한 구실인데 무엇 때문에 선제가 그들의 구실을 이어받았는지 모르겠다고 하였다. 그리고 유생을 중용하지 않고 굉공(宏恭)·석현(石顯) 등 환관 나부랭이나 중용하여 그들이 전권을 휘둘러 커다란 재앙을 불러일으키는 일이 잘하는 짓이냐고 비평하였다. 즉 황제는 편견을 가지고 국사를 처리해서는 안 된다는 것이 사마광의 주장이었다.

색을 탐하지 않은 부황(父皇)과 색을 탐한 자황(子皇)

남북조 시기 북주(北周)의 무제(武帝) 우문옹은 명군이었다. 그 당시는 각 지방 세력이 웅거하며 스스로 황제를 칭하고 천하의 탈환을 꾀하던 시기였다. 남쪽엔 남조(南朝)가 있고 북쪽에는 북제(北齊)가 있어 그들은 서로 천하를 다투었다. 우문옹은 이 사활이 걸린 위급한 시기의 형세를 잘 파악하고 있어 일심전력으로 국정에 심혈을 기울였다. 그런 그의 영도 아래 제나라는 부강해졌고, 뒤이어 가장 큰 걱정거리였던 북제를 소멸하였다. 이로써 북방의 중원 영토를 다 차지하게 된 우문옹은, 그 즉시 남하하여 남조를 멸망시키고 중국을 통일할 준비를 하였다.

그러는 가운데 점차 형세가 북주에 유리하게 되었고, 북주의 국력도 매우 강성하게 되었다. 그러나 우문옹은 국사를 게을리하지 않고 근검절약을 실천했으며, 특히 여색을 멀리하였다. 고대의 황제들 중 여색을 멀리한 사람은 얼마 되지 않는다. 그의 후궁은 비자(妃子) 둘과 세부(世婦, 빈객과 제사를 관장하는 여관) 셋, 그리고 어처(御妻, 궁중의 여관) 셋이 있었을 뿐이었다. 그 외에 보림(保林), 양사(良使) 등 궁중의 여관이나 시녀도 불과 몇십 명뿐이었다. '주례(周禮)'에서 황제에게 규정한 부인 3명, 비 9명, 세부 27명, 어처 81명과 비교해 볼 때 그의 후궁은 확실히 적은 편이었다.

그가 죽은 후 아들 선제(宣帝)가 즉위하자 형편은 달라졌다. 사치하고 음흉한 선제는 국사는 전혀 돌보지 않고 여색만을 탐하였다. 그는 천하 미녀를 각 지방에서 골라 올려 보내게 했고, 후궁의 숫자 또한 엄청나게 늘렸다. 심지어 조정의 삼사(三司) 이상 관리의 딸은 황제가 고르고 난 후에야 시집을 갈 수 있다고 선포하기까지 하였다. 그리고 그는 황후를 다섯이나 임명하였다.

이처럼 이들 부자 황제는 선명하게 대비된다. 부황(父皇)은 호색하지 않았고 자황(子皇)은 천하의 호색한이었다. 이처럼 호색한 자황에 이르러 국운이 쇠하여지고, 이후 북주의 국세는 다시는 강해지지 못했으니, 한 나라를 통치하는 군주가 이 일을 얼마나 경계해야 하는지 시사하는 바가 크다 하겠다.

마땅한 일에도 그 정도와 한계를 두어야 한다

당태종 정관 연간의 일이었다. 하루는 흰 까치 두 마리가 태종의 침궁 앞에 있는 회나무에 둥지를 틀었다. 까치 둥지는 네 변을 맞춘 것이 마치 요고(腰鼓, 허리 북)와 흡사했다. 태종의 좌우 측근들은 길조라며 까치 둥지를 보고 엎드려 절하고 춤을 추며 태종을 축하했다. 그러자 태종이 좌우 대신들에게 말했다.

"과인은 이미 수양제가 길조 같은 것을 믿은 것을 비웃은 바 있소. 진정한 길조란 현사(賢士)들의 보필을 받는 것이오. 그래 미물의 둥지 같은 것이 무엇을 예견한단 말이오?"

그러고는 당장 둥지를 허물고 까치는 밖으로 내쫓아 버리라고 했다. 자신이 미신을 철저하게 믿지 않는다는 것을 보여 주기 위해서였다.

당현종이 즉위한 지 얼마 되지 않았을 때다. 당시 사회 풍조는 사치와 허영에 들떠 있었다. 사람들은 화려한 마차를 사들이고 비싼 옷과 금은 장식품을 다투어 마련하느라 정신이 없었다. 당현종은 이를 크게 근심하여 금은 장식품을 모두 몰수하여 무기를 만들라는 명령을 내렸다. 그때 몰수한 비단 명주는 궁전 앞에서 모두 불사르도록 했다. 뿐만 아니라 앞으로 누구든지 다시는 비단 명주를 직조하거나 매매하지 못하도록 금했다. 또한 장안과 낙양의 모든 비단 공장도 폐쇄시켜 버렸다. 사치와 부를 금지하고 나라를 잘 통치하려는 당현종의 의욕적인 결심이었다.

당태종이나 당현종은 당나라의 현명한 군주에 속하는 사람들이다. 그들의 언행이나 작법은 후세에 좋은 전통을 남겼다. 그러나 다른 측면에서 볼 때 그들이 행한 일이 생색을 내기 위한 것이 아닌가 하는 면도 있다. 즉, 천하인들이 자기를 칭송하도록 인위적으로 일을 만들었다는 것이다. 궁전의 회나무에 흰 까치가 둥지를 튼 것은 기이한 면도 있는 것이다. 그래서 좌우 측근이 황제에게 아부했던 것이다. 당태종이 가령 징조 같은 것을 믿지 않는다면 그들의 아부나 막으면 되는 것이지 기어코 까치 둥지까지 허물 것은 또 무엇인가? 그리고 진주 보석이다, 비단 명주다 하는 것들은 적당히 절제하면 되는 것이지 반드시 궁전에서 소각하고 천하 사람들에게 고시할 것은 또 무엇인가? 어떤 일이든지 과분한 처사에는 거품이 있게 마련이다. 태종이나 현종의 이러한 행동은 배울 만한 것이 못 되는 작태였다. 현종은 만년에 양귀비를 총애하면서, 양귀비에게 줄 비단 명주를 생산하는 장인들만 해도 700여 명을 더 두었다. 당현종이 양귀비의 기호에 맞춰 비단 직조 장인을 둔 사실을 알고는, 당나라의 상하 계층은 물론 주변 각국에서도 비단 명주와 고급 옷 그리고 진기한 보석 등을 현종에게 다투어 헌납하였다.

이러한 일들 가운데는 역사상 보기 드문 괴이한 일들도 발생하였다. 영남(嶺南) 경략사(經略使, 변경의 정치·경제·군사 대권을 총괄하는 관직) 장구호, 광릉장사(廣陵長史) 왕익(王翼) 등이 헌납한 예물은 아주 고급스러웠는데, 그 때문인지 장구호는 빠르게 진급했고, 왕익은 호부시랑(戶部侍郎)으로 발탁되었다. 당시 당나라의 예물 헌납은 하나의 풍조를 이룰 정도로 만연했다. 같은 사람이 한 처사치고는 너무나도 현저하게 달랐던 것이다.

종교에 눈이 어두워 공과를 구별하지 못한 황제

당나라 제12대 황제는 대종(代宗)이다. 그는 평시 도교를 매우 숭상하여 도처에 도관(道觀)을 짓는 등 불교와는 거리를 멀리 하였다. 그런데 대종과는 반대로 조정의 대신들은 불교를 많이 신봉했다. 후일 재상이 된 원재(元載) · 왕진(王縉) · 두홍점(杜鴻漸) 등도 모두 돈독한 불교 신자들이었다. 이러한 현상에 대해 대종은 그 영문을 잘 몰랐다.

하루는 대종이 원재에게 물었다.

"불교에서 말하는 인과응보의 설법은 그 진위가 어떠한가? 정말이 세상에 응보라는 것이 있을 수 있단 말인가?"

원재 등이 정색해서 대종에게 대답했다.

"인과응보는 틀림없이 있습니다. 예를 들면 지금 우리나라가 오랫동안 국운이 형통하여 태평성세를 누리고 있고 백성들이 근심없이 살고 있는 것은 폐하와 선제께서 백성들을 사랑하고 덕과 복을 많이 쌓으시어 부처님의 도움과 보호가 있기 때문입니다. 어떻게 이런 결과가 있게 되었는지 궁금하시옵니까? 우리 대당은 덕과 복으로써 기업(基業)을 이미 튼튼히 다져 놓았습니다. 때문에 때로는 이런저런 어려움과 천재(天災)·인재(人災)를 당하기도 합니다만, 결과적으로 국가의 존망에는 위협을 주지 못하옵니다. 비록 병란이 생길 때도 있지만 우리 당나라 황실이 지배하는 천하는 튼튼하옵니다.

안록산(安祿山)·사사명(史思明) 등이 기병하여 난을 일으켰습니다만, 그들이 국가를 전복하고 사직이 위태로운 시기에 처했을 때 그들은 자신들의 아들에 의해 살해됐고 반란군은 대패하였습니다. 그 뒤, 또 다른 난을 일으킨 복고(僕固)가 서북의 회흘인(回紇人)과 토번인(吐番人)에 의탁하며 반란을 도모했지만, 그들이 경성에 접근했을 때 복고가 갑자기 영문 모를 병에 걸려 급사했고, 회·토군도 스스로 퇴각하고 말았습니다.

이 모든 것은 결코 사람의 힘으로는 생각지도 못 하는 것입니다. 이것이 바로 불법의 인과응보에 의해 당나라가 보호된 것이 아니고 무엇이겠습니까?"

원재 등은 황제가 기분 좋게 들을 수 있도록 당나라 역사를 곁들여 가며 불교의 인과응보설을 설교했다. 그러자 대종도 그들의 말에 일리가 있다고 수긍하였다. 그는 곧 불교의 법력이 도교보다 높다고 여기고 불교를 믿기 시작했다. 이후 그는 아주 돈독한 불교도가 되어 승려를 궁내로 초청하여 그들과 함께 식사를 하기도 하였다.

그러나 웃지 않을 수 없는 일은 변경에 외침이 있다는 군보를 접할 때마다 대종은 승려들과 함께 '인왕경(仁王經)'을 고성으로 읽었다는 것이다. 부처님을 환기시켜 그 법술로 외침을 물리치려고 했기 때문이었다. 그러다 변경 장병들이 용감히 싸워 적들을 격퇴시키면 그는 변경의 승리가 승려들이 경을 읽은 공로라 하여 그들에게 후한 상을 내렸다. 그 대신 진짜 변경에서 피 흘리며 싸운 장병들에 대한 격려는 아주 소홀하였다.

더구나 적지 않은 승려들은 조정에서 높은 관직까지 갖게 되었다. 또한 불공(不空)이라는 서역에서 온 승려가 있었는데, 그는 경(卿)·감(鑒)과 같은 높은 관직을 갖고 국공(國公)이란 작위까지 받았다. 또 궁중에 마음대로 드나들 수 있는 특권까지 누렸으니 그의 권세를 짐작할 만하다.

이처럼 웃지 못할 일도 또한 역사적 사실이라《당사》에 기록되어 있으며《삼장화상비(三藏和尙碑)》1편에는 불공(不空)의 일이 적혀 있다.

'불공은 서역 사람으로 본조(本朝)의 현종·숙종·대종 3대에 국사(國師)를 담임했다. 대종에 들어서는 그를 더욱 존중하고 추대했다. 그가 중병에 걸려 운신하지 못할 때 대종께서는 몸소 그의 침소를 찾아보시기도 했다. 대종은 불공을 개부의동삼사(開府儀同三司), 숙국공(肅國公)으로 봉하였다. 그가 죽자 대종께서는 아주 비통해하시어 3일간이나 조회를 정지하였다. 대종께서는 불공을 사공(司空)으로 추존(追尊)하였다.'

불공과 같은 시대에 또 대제(大齊)란 승려가 있었다. 그도 수시로 대종의 신변에서 그를 보필하였는데 그는 전중감(殿中監)이란 벼슬에 있었다. 그가 죽은 뒤에는 관에서 출자하여 후사를 융숭하게 치러 주었다.

그러나 사실 당시 천하는 태평한 편이 못 되었다. 변경에서는 전란을 알리는 급보가 꼬리에 꼬리를 물었다. 진정으로 나라를 위하여 피 흘리며 남북을 전전했던 최고위급 장령들에게 그 영예를 내려 포상해야 했거늘, 대종은 이런 영예를 엉뚱한 승려들에게 내리었으니, 당조가 어찌 쇠락하여 망하지 않겠는가?

사람을 쓸 때는 언변에 속지 않도록 주의해야 한다

당조 말기의 소종(昭宗) 이엽(李曄)는 환관들이 추대해 대권을 계승하게 되었다. 이를 둘러싸고 당시 환관과 관료 사대부 간의 알력과 갈등이 매우 격렬하였다. 그들은 서로 지방 무장 세력을 자기편으로 편입시켜 무력을 자신들의 배경으로 삼았다.

각 지방 군벌들은 모두 자신의 기반을 위해 군대를 양성했으며, 이러한 힘을 바탕으로 조정에서의 지침을 마이동풍으로 받아넘겼다. 바로 이러한 상황에서 당소종은 특별히 재간이 있는 사람을 기용하여 당 조정을 진흥시키고 대업을 굳건히 하려고 하였다.

이때 본부랑중(本部郎中) 하영(何迎)은 국자학(國子學) 박사(博士) 주박(朱朴)을 추천했다. 그는 주박의 재능이 동진(東晉) 때 비수지전에서 대첩을 거둔 명재상 사안(謝安) 못지않다고 추천서를 올렸다. 주박과 친밀한 교우가 있던 허암(許巖)은 당소종의 총애를 받아 자주 황궁에 드나들었는데, 그도 당소종에게 주박의 치국 능력을 진언하였다.

하영과 허암의 말을 믿은 당소종은 며칠 동안 계속해서 주박의 알현을 받았다. 주박은 언변이 청산유수라 당소종의 환심을 샀다. 소종이 그에게 "비록 과인이 태종은 아니지만 경을 얻게 되었으니 이는 마치 태종이 위징을 얻은 것과 같으오"라고 말했다.

소종은 천하의 태평을 도모하여 하루빨리 지방 군사들의 반란을 평정하고 그들의 군사를 통합하여야겠다는 구상을 밝혔다. 이때 주박이 소종 앞에서 흰소리를 하고 말았다.

"만약 소신을 재상으로 임명하시면 기필코 한 달 내에 천하를 태평스럽게 만들겠습니다."

그러자 당소종은 그의 말을 정말로 믿고 주박을 재상으로 임명하였다. 임명서가 내려지자 주변 사람들은 경악을 금치 못했다.

《당제소(唐制詔)》에 주박에 대한 임명서가 기재되어 있고, 이는 황제의 비서인 한림학사 한의(韓儀)가 작성했다. 임명서에는 다음과 같이 쓰여 있다.

고대에 무정(武丁)이 꿈속에서 보았다는 이야기가 있다. 즉 그가 진정한 재상을 만나 상(商)나라를 중흥시킬 수 있었다는 이야기이다. 또 주의 문왕은 강태공을 만나 일대를 풍미한 훌륭한 신하를 구할 수 있었다. 그리하여 주나라의 치국이 유명하게 되었던 것이다. 지금 과인은 어려운 난국에 처해 있다. 이때 아주 출중한 사람이 나타나 짐을 보필하기를 은근히 바라고 있었다. 신령에 기도하고 일월에 기도하여 지금 마침내 유능한 인재를 얻게 되었다. 짐의 요구에 맞는 유능한 인재이다. 주박은 학식이 넓고 사리에 밝으며 능력이 있는 영재이다.

오랜 시간 조정의 등용을 받지 못했지만 엄격히 자기의 절조를 연마하여 자기 완성을 이룩한 사람이다. 과인은 그의 재주를 잘 알고 있다. 그를 불러 긴 시간 동안 담화를 나누어 보았다. 그리고 천하를 하루 속히 태평하게 만들 수 있는 계략을 조리 있게 말하는 것을 들었다. 이런 말은 모두가 다 과인이 처음 듣는 말이다. 군민을 다루는 책략도 과인이 과거에 듣지 못했던 것들이다.

그와 대담을 하는 중 과인은 저절로 그와 가까워지며 깊은 감동을 받았다. 과인은 그를 존경해 마지않는다. 천하를 다스리는 중임은 마땅히 이런 사람에게 맡겨야 한다. 그래야만 쇠약해진 국가를 다시 창성하게 진흥시킬 수 있다. 이제 과인이 이러한 기재(奇才)를 파격적으로 승격시키려 한다. 나라의 방침은 이제 그에 따라 새로 건립될 것이다.

하지만 주박이 재상으로 임명된 후 국가를 다스리면서 세운 공헌이란 거의 없었다. 그는 반년 동안 재상 자리에 앉아 있다가 아무런 일도 하지 못하고 지방의 말단 관리로 쫓겨 가고 말았다. 그를 처분하는 칙서에는 이렇게 쓰여 있다.

자신의 능력을 과대평가하면서 권세에 아부하고 간신과 결탁하여 요행히 재상 자리를 절취하였다. 전쟁을 잠재울 묘략이 있다고 흰소리를 쳤지만 재상직에 오른 후 그가 한 일이라곤 국가의 녹을 축낸 것뿐이었다. 자기의 학문으로 나라를 회생시킨다고 장담했지만 나라 형편은 조금도 나아진 것이 없었다. 재상직을 절취한 후 반년이란 시간에 그가 한 일이란 아무것도 없었다. 다만 조정을 욕되게 했을 뿐이다. 그리하여 많은 사람들의 불만과 견책을 야기시켰다.

당소종이 국가의 존망 위기에 인재의 우열을 식별할 줄 몰라 한 이름 없는 관리를 파격 승진시켜 재상으로 임명한 예는 지금까지 사람들로부터 조롱받기에 족한 것이다.

《신당서》는 당소종을 다음과 같이 평가하였다.

우둔한 새끼 돼지를 가져다 흉악한 맹수를 막으려 했으니, 나라
의 멸망을 가속화시킬 것은 불 보듯 뻔한 일이다.'

인의 없는 사람도 때때로 의로운 행동을 한다

아주 흉악한 역적도 때로는 사리를 지킬 때가 있다. 당조 말기 유인공(劉仁恭)이 노룡(盧龍) 절도사(오늘날의 하북성 북부와 내몽골 남부)로 있을 때 그의 아들 유수문(劉守文)은 창주(滄州, 오늘날의 하북성 창주)에 주둔하고 있었는데 그때 주온(朱溫)의 공격을 받았다. 주온에게 포위를 당한 성 안에는 먹을 식량이 다 떨어졌지만 유수문은 결사코 성을 지켰다. 주온이 유수문에게 사절을 보내어 성문을 열고 투항할 것을 권유했다.

나는 유인공의 아들이다. 당신은 마땅히 정의로써 천하를 정복하여야 하거늘 내가 부친을 배반하고 당신에게 귀순한다면 당신은 나를 어떻게 기용할 것인가?

이처럼 유수문은 당당하게 반박하는 답장을 보냈다. 주온은 유수문의 대답을 듣고 내심 탄복을 금치 못하며 공세를 늦추었다.

훗날 주온이 군대를 철수할 때, 군영에 남은 양초(粮草)를 모조리 불사르고 강변의 선박들도 모조리 침몰시키려 했다. 이 일을 알게 된 유수문이 주온에게 편지를 띄웠다.

창주성 내의 수만 명 백성들은 계속해서 몇 달간을 굶주림에 허덕이고 있습니다. 양왕께서 식량을 불태워 잿더미로 만들려고 한다는데 제발 자비심을 베푸시어 식량을 태우지 말아 주십시오. 창주의 수만 명 백성을 살리는 일이 요긴합니다.

주온은 유수문의 요청대로 일정한 식량을 남겨 두고 후퇴하였다. 창주 백성들은 그 식량이 있어 아사에서 벗어날 수 있었다.

주온이 당나라를 뒤엎고 후량(後梁)국을 세웠다. 소순과 그의 아들 소해는 후량국을 건립하는 데 누구보다 큰 공을 세웠으니 마땅히 요직에 앉아야 한다고 했지만 주온은 그들 부자를 경시했다. 주온은 그들 부자야말로 당나라를 팔아 사리를 도모한 소인에 불과하다고 보았던 것이다. 주온은 그들 부자를 중용하기는커녕, 소순에게 퇴직하여 귀향할 것을 명령했고 그의 아들 소해는 서민으로 깎아 버렸다.

하루는 송주(宋州, 오늘날의 하남성 상구시) 절도사가 상서로운 징조라며 특별한 밀 이삭을 주온에게 헌납하였다. 그러나 주온은 이렇게 말했다.

"송주는 금년에 홍수를 입어 백성들이 식량난에 허덕이고 있는데 이런 밀 이삭에 무슨 상서로움이 있겠는가?"

그러면서 환관에게 명하여 송주로 내려가 절도사를 훈계하도록 하였다. 그리고 그 밀 이삭을 헌납한 현령을 파면시켰다.

이상의 일들은 사소한 일에 불과할 수도 있지만 포악무도한 주온에게 있어서는 특별히 취급할 만한 일이기도 하다. 한 사람을 증오하기 전에 그가 행한 선행도 평가해 주어야만 할 것이다.

난세일수록 인자함이 돋보인다

5대10국 시대 소국들이 난립하여 서로 공격하고 다투었다. 그때를 두고 '천하대란'이라는 표현은 아주 적합하다고 할 수 있다.

각국의 황제들은 모두 무장 출신이어서 잔인하고 포악하기 그지없었다. 살상을 밥 먹듯 했고 백성들의 목숨을 파리 목숨만큼도 여기질 않았다. 때문에 그들은 민심을 얻을 수 없었고, 나아가 민심을 잃은 나라는 오래가지 못했다.

그렇다고 모든 황제들이 다 잔인했던 것만은 아니었다. 후당의 두 번째 황제인 당명종(唐明宗)은 다른 황제와 달리 인자했고, 지난날의 잘못을 애써 고치려 했던 황제였다.

그가 즉위한 이듬해인 천성 3년(928년)에 경성(당시의 서울은 낙양)의 순검군사(巡檢軍使)인 혼공아(渾公兒)가 구두로 황제에게 상주하였다.

"성 밖의 두 백성이 대나무를 들고 무술을 연습하고 있습니다.

104

아마도 딴생각이 있는 것 같습니다."

그의 상주를 받은 당명종이 어명을 내려 그들을 잡아들이게 하였다. 그리고 석경당(石敬瑭)에게 맡겨 처리하도록 하였다(석경당은 황제의 부마였다. 7년 후 북방 민족 거란과 결탁하여 후당을 멸망시키고 황제가 되었다). 석경당은 내막을 잘 알아보지도 않고 다짜고짜 그들 둘을 처형해 버렸다.

이튿날 추밀사(樞密使) 안중회(安重誨)가 황제에게 상주하였다.

"어제 투옥시킨 두 사람은 전투 연습을 한 어른이 아니라 막대놀이를 하던 어린애들이었습니다."

당명종은 자신이 사람을 잘못 죽였음을 알고는 전국에 통문을 보내 자신이 형벌을 남용했음을 검토하도록 하였다. 그리고 음식을 줄이는 것으로 원혼에 사죄하였다. 그 일을 자세히 조사하지 않은 석경당에게는 한 달간의 봉록을 금지시켰다. 혼공아는 무고죄로 관직을 박탈당하고 곤장형을 받은 후 등주(登州, 오늘날의 산동성 봉래)로 유배 보내었다.

그리고 두 아이의 가정에는 견사 50필, 밀 100섬, 조 100섬을 내렸고, 관가에서 출자하여 두 어린애에게 융숭한 장례를 지내 주었다. 나아가 일후에는 다시 그러한 유사한 일들이 발생하지 않도록 전국의 주부(州府)에 공문을 띄웠다.

"앞으로 사형을 구형할 안건에 대해서는 자세히 심리하도록 하라. 무고한 사람을 살상하는 일이 다시 발생되어서는 안 된다."

과연 당시 보기 어려웠던 인자한 군주였다.

이 사실은《구오대사(舊五代史)》에 기록되어 있지만, 훗날의《신오대사(新五代史)》에는 이 사실을 삭제하고 수록하지 않았다. 유감스런 일이 아닐 수 없다.

칙서가 엄하면 안건의 처리도 엄할 수밖에 없다

후주(後周)의 세종 시영(柴英)은 성격이 강인하고 재간이 출중한 사람이었다. 난세였지만 불과 5~6년 사이에 이름을 날렸고 중외를 진동케 하였다. 그는 과연 현명한 군주라 할 수 있었다. 그렇지만 그는 마흔이 못 되어 황천객이 되었고 그가 죽은 지 반년이 못 되어 후주도 따라서 멸망하였다. 조씨의 송왕조가 후주를 대체한 것은 천명이라 피할 수 없는 일이었지만, 주세종(周世宗)이 망하지 않을 수 없었던 것은 그가 사람을 너무 쉽게 사형에 처했고, 또 형벌을 너무 잔혹하게 집행했기 때문이었다. 재능이 있든 없든, 관직이 높든 낮든, 사소한 실수만 저질러도 죽음을 면할 수 없었다. 이것이 주세종의 가장 큰 결함이었다.

설거정(薛居正)이 쓴《구오대사(舊五代史)》에는 이런 일이 기재되어 있다.

'후주 한림의관 마도원(馬道元)이 세종에게 자기의 아들이 숙주

경내에서 살해되었는데, 숙주 관가에서 흉수를 체포했지만 처리하지 않고 있다고 상주하였다.

상주문을 본 주세종이 노발대발하였다. 즉시 두의(竇儀)에게 명하여 숙주로 내려가 그 일을 심리케 하였다. 심리 결과 무려 스물네 가족이 이 일에 관련되어 있었는데, 이들 모두가 무참히 살해당하고 말았다. 두의가 숙주로 내려갈 때 받은 칙서의 내용은 아주 엄격하였기 때문에 이 안건을 처리함에 있어 혹형을 내리지 않으면 안 되었던 것이다. 숙주의 지주(知州)인 조려(趙礪)는 이 일을 제때에 처리하지 않은 탓으로 삭탈 관직당하고 신분도 백성으로 돌아가게 되었다.'

이 일은 사실 마도원의 아들 한 사람이 비적들에 의해 살해된 것으로, 그 우두머리를 잡아 처형하면 그뿐이었던 사소한 사건이었다. 그런데 스물네 집이나 연루되어 떼죽음을 당했으니 이러한 처분은 실로 과분한 처사였던 것이다.

《송태조실록(宋太祖實錄)》의 〈두의전〉에도 이 사실이 수록되어 있다. 그렇지만 역사를 쓰는 사람들이 이 일의 잘못을 두의에게만 미룬 것은 별로 공정한 평가가 아니라고 생각한다.

백성은 천하의 부모이다

그대들의 봉록은 백성들의 피며 살이다. 백성들을 학대할 수는 있어도 하늘은 속이지는 못 한다.

송태종이 이런 족자를 써서 각 군(郡)에 내려보냈다. 그리고 그 내용을 비문으로 조각하여 아문의 양쪽에 세워 놓고 수시로 민생을 살피도록 하였다. 이것을 역사상 '계석명(戒石銘)'이라고 한다.

성도 사람 경환(景煥)이 《야인한화(野人閒話)》라는 책을 썼다. 이 책은 송건덕 2년(965년)에 씌어진 책이다. 이 책의 첫 편은 〈반령함(頒令咸)〉인데, 〈반령함〉은 후촉의 군주인 맹욱(孟旭)이 각 읍에 내린 칙서를 기재한 것이다.

짐이 적자(赤子)를 염려하여

밥맛을 잃고 밤 편히 잠 못 이루네

이제 어명을 내리어 각지에 반포하니

편하게 살도록 좋은 정책을 써야 하네

정치에는 세 날개가 있어야 하고

도의에는 일곱 사도가 있는 것이네

새들은 날려 보내는 것이 도리이고

송아지는 거두는 것이 법규이네

관용과 존엄을 겨루어 베풀고

풍속은 지방 따라 맞춰야 하네

침해와 착취는 없어야 하고

상처와 피해를 주어서는 안 되네

백성들은 쉽사리 학대할 순 있어도 하늘은 속일 수 없네

조세를 부담 없이 적절히 하는 것이

나라와 군사를 지키는 본분이네

과인이 내리는 상과 벌이

시세에 맞게 어긋나지 않네

당신들이 먹고 입는 봉록은

백성들의 피와 살이라네

백성들의 부모가 되어

인자하고 선해야 한다네

경들은 경계함에 항상 힘써

짐을 대신해 모든 일을

심사숙고하여 처리하길 바라네

　시는 모두 24구절이다. 맹욱의 백성을 사랑하는 인덕은 5대 각
국 황제 중 가히 칭송할 만하다고 하겠다.

　이 글은 처음에는 문맥이 매끈하지 않았는데, 문인들이 그 문장
을 고쳐 황제의 명의로 반포하였다. 언어가 간결하고 사리를 명확
하게 만들어 이를 제왕이 쓴 것처럼 했던 것이다.

때론 더 뽑고, 때론 응시하지도 못하게 한다

송태종 조광의(趙光義)는 융희 2년(985년)에 있었던 과거에서 179명을 진사로 급제시켰다. 이때 한 사람이 말했다.

"낙방한 사람 중에도 임용할 만한 인재가 있는데 그것이 못내 아쉽습니다."

이 말을 전해들은 태종은 낙방한 수재들에게 다시 과거를 보게 하라는 어명을 내렸다. 재시험을 통해 추가로 채용된 사람은 76명이나 되었다. 그중에 홍담(洪湛)이란 사람이 있었다. 그의 글은 문체가 매끄럽고 힘이 있었다. 그러자 태종은 그를 처음 급제한 명단에 넣고 제3위로 결정했다.

단공(端拱) 원년(元年, 988년)에는 과거를 주관하는 관인 28명을 공채하였다. 그중 엽제(葉齊)란 사람이 이번 채용이 공정하지 못하다는 의견을 제기하였다. 조정에서는 그의 건의를 받아들여 역시 재시험을 치르게 하여 재시험자 중에서 추가로 31명을 급제시켰다. 그리하여 경서를 학습한 각 과를 포함해 재시험을 통해 급제하게 된 사람은 모두 700여 명이나 되었다. 이러한 사실은 독서인 수재들을 아주 우대해 준 것을 의미한다.

이전인 태평흥국(太平興國) 말기에 맹주(孟州, 오늘날의 하남성 맹현)의 거인(擧人, 향시(鄕試)에 합격한 사람) 장량광(張兩光)이 과거에 낙방하였다. 장량광은 불만이 대단하여 술을 잔뜩 마신 다음 큰길 사거리에서 황제에게 불공한 말을 함부로 하며 고시관에게 욕설을 퍼부었다. 태종이 이 일을 알고 대노하여 즉시 그를 잡아다 사형시켰다. 그리고 그와 함께 시험을 본 다른 9명에게는 앞으로 영원히 과거시험을 치르지 못하도록 성지를 내리기까지 하였다.

송태종은 이처럼 독서인에게 은혜와 위엄을 병행했던 황제였다.

몸소 사소한 일까지 처리한 황제

황제는 하루에 만사를 처리한다는 말이 있다. 내외 정책을 결정하는 일은 물론이거니와 찾아오는 문무백관들을 만나 하나하나 그들의 보고나 건의를 받아 처리하는 것만 해도 매우 과중한 일이다.

하루는 한 무리의 경질된 관리들이 황제를 찾아왔다. 봉록도 절반 이상 줄어들어 생활 형편이 말이 아니라며 황제 앞에서 눈물을 짜며 하소연하였다. 그러나 위위소경(衛尉少卿)으로 경질된 전 개봉판관(開封判官) 여단(呂端)은 남들처럼 눈물을 짜지 않았다.

"소신의 죄는 이루 헤아릴 수 없이 크옵니다. 그런데도 폐하께서 태산 같은 은혜를 베풀어 주시어 조그만 마을인 영주부사(領主副使)로 보내 주시니 저는 더 이상 바라는 것이 없사옵니다."

이 말을 들은 송태종은 속으로 아주 흡족했다.

"알겠소. 과인도 경을 잘 알고 있소."

얼마 후 여단은 원직에 복직되었고, 그로부터 한 달 뒤 부재상으로 발탁되었다.

송태종은 조정의 재정 문제에 특별히 신경을 썼다. 하루는 재정을 관리하는 이부 등을 숭정전(崇政殿)으로 불렀다. 송태종은 그들에게 아무런 부담을 갖지 말고 조정의 재정 문제에 관해 좋은 견해를 들려 달라고 했다. 이부(李溥) 등 27인은 황송한 나머지 필묵과 종이를 달라 하여 그 즉석에서 자신들의 건의를 써 바쳤다.

그때 그들이 작성한 건의는 모두 71건이나 되었다. 송태종은 관리들의 보고를 세세히 검토하고 그중 실시할 수 있는 44건을 골라 몸소 서면에 의견을 적어 해당 기관에 내려보내 직접 시행하도록 하였다. 그리고 기타 19건은 재정 관리 책임자인 진서(陳恕) 등에게 내려보내 좀 더 상세한 검토와 보완을 하도록 지시하였고, 동시에 지잡어사(知雜御史)를 출석시켜 시행 과정을 감독케 하였다. 그리고 이부 등 사람들에게는 비단 등을 하사함과 동시에 조정의 중요한 관직에 배치하였다.

송태종이 재상에게 말했다.

"이부 등이 건의한 제안들은 모두가 쓸모 있는 것이오. 과인이 일찍 진소 등에게 이런 말을 한 적이 있소. '이부 등의 학식은 경들을 따르지 못하네. 그러나 그들은 경제(經濟)에 대해서만은 어릴

적부터 직접 다루어 왔기에 경들보다 잘 알고 있을 것이라 생각하네. 경들은 허심탄회하게 그들에게 경제를 배워야 하네. 그런 것들이 모두 경들에게 도움이 될 것이네.'"

규정에 따르면 감군(監軍)은 가족을 데리고 부임해서는 안 되었다. 왕빈(王賓)이라는 사람이 호주(亳州) 감군으로 임명되었다. 그가 호주로 막 가려 할 때 의심 많고 성격이 사납기로 이름난 그의 아내가 그를 미행하여 따라나섰다. 아내를 감당하지 못한 왕빈은 부득불 이 일을 송태종에게 보고하였다. 송태종은 몸소 왕빈의 아내를 궁으로 불러들여 한바탕 훈계를 한 뒤 병졸을 시켜 곤장을 치게 하고 그녀를 다른 병졸의 아내로 삼아 버렸다. 그러자 그녀는 그날 밤을 못 넘기고 스스로 목숨을 끊어 버렸다.

진주(陳州)의 백성 장거(張矩)가 동향인 왕유(王裕)라는 사람의 가족 두 사람을 살해했다. 지주(知州)인 전석(田錫)이 이 일을 제대로 처리하지 못했기에 왕유 가족들은 직접 상경하여 억울함을 호소하였다. 송태종이 조정에서 두 사람을 뽑아 이 일을 조사토록 하였다. 그런데 그 두 사람은 장거가 사람을 죽이지 않았다고 송태종에게 보고하였다. 그 뒤 왕유의 아들이 군대에 입대하겠다는 구실로 송태종을 직접 만날 수 있는 기회를 만들었다.

"초민이 입대한 것은 군인이 되고자 하는 것이 아니라 기회를 엿보아 폐하께 직접 저희들의 억울함을 호소하려고 한 것입니다."

그러자 송태종은 대노하여 어사대(御史臺)를 시켜 이 안건을 다시 심사케 하였고 장거는 끝내 법에 의해 처단되었다. 조정의 두 대신, 그리고 진주의 지주인 전석과 통판(通判) 곽위(郭渭)도 모두 관직을 삭탈당하였다.

송태종이 이처럼 민생 민권까지 세세히 다 관심을 가지고 처리했으니 나라가 어찌 진흥되지 않았겠는가?

핍박받는 백성은 죽음을 두려워하지 않는다

《노자(老子)》에 이런 대목이 있다.

> 백성들은 죽음을 두려워하지 않는다. 그런데 무엇 때문에 죽음
> 을 담보로 백성들을 위협하는가? 가령 백성들이 죽음을 두려워
> 한다고 하면, 말썽꾸러기 주모자들을 잡아 죽이면 말썽을 피우
> 는 사람도 없어지지 않겠는가?

이 대목은 얼핏 노자가 살인을 부추기는 사람이 아닌가 하고 의
심할지도 모른다. 그러나 노자는 살인을 부추긴 것이 아니다. 이
대목은 당시의 통치자에게, 백성들을 우둔하고 비천한 자라고 보
고 함부로 풀 베듯 목숨을 앗아 가서는 안 된다고 경고한 대목이
다. 민중의 처지와 요구를 잘 이해하고 백성들을 적으로 여기지 말
라는 조언이다.

노자는 백성의 목숨을 함부로 대하는 것을 두고 '썩을 대로 썩은 노끈으로 동여맨 마차를 모는 것처럼 위험천만한 일'이라고 역설하였다.《노자》에서는 계속해서 다음과 같이 쓰고 있다.

사람을 죽이는 일은 사형을 집행하는 사람이 하게 해야 한다. 가령 사형을 집행하는 사람을 대신하여 다른 사람이 사람을 죽인다면 이는 마치 목수를 대신해 도끼질을 시키는 것과도 같다. 목수를 대신해 도끼질하는 사람은 자칫 제 발등을 찍기가 일쑤다.

《노자》의 하편에서도 계속 같은 내용을 강조하였다.

백성들은 그들이 먹여 살리는 사람들로부터 너무나 가혹하게 착취당하기 때문에 죽음도 두려워하지 않는다. 백성들은 그들이 먹여 살리는 사람들의 핍박에 견디다 못해 생명을 내걸고 모험을 할 수밖에 없다.

장수(長壽)와 무병(無病)은 모든 사람들이 다 바라는 일이다. 아무리 생활이 가난하고 볼품이 야위어도, 그리고 다른 사람의 노예가 되더라도 생에 대한 욕망만은 저버리지 않는다. 이는 수치를 당하며 죽는 것과 큰 차이가 있다. 그 누가 죽음을 정말로 두려워하지 않겠는가?

자고이래 난세에는 비적이 도처에 출몰하고 서민 백성들의 물건은 털릴 대로 털려 남은 것이 별로 없다. 그래도 서민 백성들은 천하가 하루빨리 안정되기를 고대한다. 진(秦)·한(漢)·수(隋)·당(唐)나라 말기, 강산은 뒤죽박죽이 되고 도처에 군벌들이 들어앉게 되었다. 도탄에 빠진 백성들은 수시로 죽음을 당할 위험에 직면해 있었다. 왕선지(王仙芝)와 황소(黃巢)와 같은 잔인무도한 사람도 결국은 자신이 좀 더 출세하기를 바랐을 뿐이다.

가령, 당시의 군왕(君王)이나 재상들이 적당한 조치를 취하여 그들을 잘 다루었다면 그처럼 끔찍한 불행과 재앙은 발생하지 않았을 수도 있었던 것이다.

한나라 때 공수(龔遂)는 기아에 허덕이고 있는 발해군(渤海郡, 지금의 하북성 창주시)을 잘 다스려 짧은 시간에 기아를 이겨 냈다. 풍이(馮異)는 관중(關中, 지금의 섬서성 일대)을 사회가 안정되고 경제가 풍요로운 지역으로 가꾸었다. 그리고 당나라의 고인후(高仁厚)는 사천성의 비적들을 감화시켜 순순히 귀순케 하였다.

왕선성(王先成)은 왕종간(王宗侃)을 설득하여 피난 간 백성들을 제 고향으로 돌아오게 하였다.

이상의 모든 사실은 백성들이 사회 안정을 무엇보다 갈구하고 있음을 보여 준다. 그러나 세상의 통치자들 중 노자의 가르침을 제대로 이해한 이가 과연 몇이나 되겠는가?

멸망의 원인은 반드시 그 안에 있다

제후국들이 천하를 쟁탈하는 전국시대(戰國時代)에 진(秦)나라는 관중(關中, 지금의 섬서성 서안 지역)을 근거지로 삼고 계속해서 동쪽에 있는 6국을 공격하였다. 백여 년이란 긴 시간 동안 진나라는 끈질기게 천하를 평정하려고 동방 6국을 공격한 결과 그들을 하나둘씩 소멸시키고 천하를 통일하였다.

그렇다면 진나라가 거의 백전백승할 수 있었던 까닭은 무엇일까?

진나라는 관중이라는 물산이 풍부하고 지정학적 여건이 유리한 곳에 위치하고 있었던 데다, 용병술이 뛰어나 전투마다 첩보를 올린 것은 사실이다. 그러나 나는 그보다도 진나라가 천하를 통일할 수 있던 것은 진나라 자신의 힘 때문이 아니라 6국에 있던 제신들이 더 중요한 원인이었다고 본다.

한(韓)나라와 연(燕)나라는 원래 약소한 국가였기에 이 두 나라에 대해서는 더 이상 말하지 않고 그 외 4개국에 대해서 나의 견해를 펼쳐 볼까 한다.

위(魏)나라는 혜왕(惠王) 때부터 쇠약해졌고, 제(齊)나라는 민왕 (閔王) 때부터 쇠약해지기 시작했다. 초(楚)나라는 회왕(懷王) 때부 터 내리막길을 걸었고, 조(趙)나라는 효성왕(孝成王) 때부터 지는 해의 처지가 되었다.

이상의 4개국이 멸망한 원인은 무작정 국토를 넓히려고 군비를 확대하고 전쟁을 자주 치렀기 때문이다.

위나라는 문후(文侯)·무후(武侯)가 나라를 다스리기 시작하여 국력이 강대해졌고 국토가 부단히 확장되었다. 위나라는 원래 진 (晉)나라, 즉 지금의 산서성·하북성·하남성 등지에 위치한 한· 조·위 중 가장 강대한 나라로 부상하였다. 동방의 다른 나라들은 위나라와 감히 국력을 비길 바가 아니었다. 그런데 위 혜왕(惠王) 때 들어서 한나라와 조나라를 수차례 침공하였다.

위나라는 한단(邯鄲)을 기어코 손아귀에 넣으려고 했다. 그 결과 조나라를 침공할 때 조나라를 지원한 제나라의 군대에 대패하고 말았다. 위나라의 군사는 엄청난 타격을 받았고 태자도 전쟁터에 서 전사하였다. 이를 지켜보기만 하던 진나라는 때를 놓치지 않고 위나라 변경을 교란시키며 공격의 고삐를 늦추지 않았다.

원래 한단 전역에서 치명적인 타격을 받은 위나라는 그때부터 기울기 시작하였다. 먼저 진나라에게 6백 리 하서(河西) 땅을 빼앗겨 부득불 도성을 안읍(安邑, 지금의 산서성 안읍)에서 대량(大梁, 지금의 하남성 개봉시)으로 천도하였다. 그 뒤 몇 대를 간신히 이어 가기는 했지만 위나라 국운은 다시 회생하지 못하고 마침내 멸망했던 것이다.

제나라 민왕이 위왕(威王)·선왕(宣王)의 강산을 이어 받을 때는 관동(關東) 지역에서는 매우 강대한 나라였다. 관동 지역이란 지금의 하북성 동부와 산동성 서부 일대이다. 제나라는 송(宋)나라를 손쉽게 멸망시켰다. 이에 야심이 커진 제나라는 국토 확장에 열중하였다. 남으로는 초나라를 침범했고 서쪽으로는 한·조·위 등 세 나라를 계속 침범하였다.

제나라는 동주(東周)와 서주(西周)까지 점령하여 천하를 독차지하고 천자가 될 꿈을 키웠다. 그 결과 수많은 전쟁을 통해 국력을 소모하고 또 많은 전사자들이 생겨 군사력이 오히려 쇠퇴하고 말았다. 연나라는 이 기회를 타서 제나라에 대한 대대적인 반격을 단행하였다. 제나라는 많은 지역을 잃고 움츠러들 수밖에 없었다. 그 뒤 전단(田單)의 뛰어난 용병술에 힘입어 잃었던 땅을 되찾긴 했으나 국력은 이미 쇠진될 대로 쇠진되어 다시 강국으로 일어서지 못했다. 그 뒤의 몇 대 임금들은 치국에 대한 자신감을 잃고 자기 한 몸 돌보는 데만 급급했을 뿐 다른 나라와의 연합을 거절하였다. 그러다가 나중에는 진나라의 속임수에 넘어가 포로가 되고 말았다.

초나라 회왕(懷王)은 상어(商於, 지금의 하남성 절천현) 지역 6백 리를 탐내어 호시탐탐 기회를 엿보았다. 그런데 장의(張儀)의 계략에 걸려들어 도성을 잃고 수많은 군사를 잃었다. 결국 초회왕은 진(秦)나라의 포로가 되어 갖은 모욕을 받다가 옥사하였다.

조나라는 한나라를 지원할 때 상당군(上黨郡, 지금의 산서성 장자 일대)을 차지한 뒤 그 땅을 내놓지 않았다. 한 번 차지한 요충지를 내놓으려 하지 않았기 때문이다. 그 결과 조군(趙軍)과 진군(秦軍)이 상당군에서 격렬한 전투를 벌였다. 조나라가 상당군을 욕심 내지 않았다면 그 전투를 모면할 수가 있었다. 그러나 조군은 한나라를 지원한다는 구실로 그곳을 차지하고 있다가 괴멸의 운명을 피하지 못했다. 조군은 그 전투에서 참패하여 40만 대군을 몽땅 잃고 말았다. 그 이후 조나라는 쇠락의 길로 내달았다. 그 뒤 겨우 명맥

을 이으면서 얼마간 지탱한 조나라는 마침내 진에 의해 멸망하고
말았다.

　이상 4개국 군주들이 자국의 영토를 철저히 보위하는 한편 인근
국가와 적당히 연맹을 맺고 친선 관계를 유지했더라면 진나라가
아무리 강대하더라도 4개국을 멸망시키지는 못했을 것이다.
　다시 말해 6개국이 멸망한 것은, 강대한 진나라의 침공 때문이
아니라 먼저 자기를 돌보지 않은 채 무리한 탐욕을 부리다가 스스
로 멸망의 무덤을 팠기 때문이다.

수가 많다 하여 큰 공을 세우는 것은 아니다

송(宋)나라 때 전쟁에 쓸 말을 비축하기 위해 변경 지역에 말을 사들이는 기구를 설립하여 관리를 두었다. 주로는 남부의 읍문주(邑文州, 지금의 광서성 남녕시), 서부의 민주(岷州, 지금의 감숙성 민현)·여주(黎州, 지금의 사천성 한원현) 등지의 소수 민족들로부터 말을 샀다. 이곳에서 해마다 내지로 사 보낸 말이 무려 1만여 마리가 넘었다. 말을 구입·운송하는 관리들이나 장병들은 비록 하급 말단직이었지만 일만 잘 처리하면 승급의 기회도 주어졌다.

일단 변경에서 구입한 말을 내지까지 운송하려면 몇 십 개의 주를 경유하면서 말을 운송하는 장병들과 관리들도 초대해야 하는 등 많은 경비가 소요되었다. 뿐만 아니라 말 우리와 말먹이 풀도 필요했다. 게다가 장강과 회하 사이의 회남 지역은 한여름 더위가 심해 그곳의 말을 또 다른 곳으로 옮겨 사육해야 했다. 말이 옮겨지는 곳은 주로 소주(蘇州, 지금의 강소성 오현)·수주(秀州, 지금의 절강성 가흥시) 일대였다. 그러다 보니 그때그때 필요한 경비가 아주 많았다.

설거정(薛居正)이 쓴《구오대사(舊五代史)》에 기재한 문헌을 보면 말에 대한 대목이 있다.

후당(後唐) 명종(明宗) 이단(李亶)이 추밀사(樞密使) 범연광(范延光)에게 군마 사육에 관해 물었다.

"전국에 약 3만 5천 마리가 있사옵니다."

당 명종이 한숨을 푹 내쉬었다.

"태조(이극용(李克用))가 태원(太原, 지금의 산서성 태원시)에서 기병할 때 군마가 불과 7천 마리였네. 장종(莊宗) 때 와서도 기병은 1만 명에 지나지 않았네. 그런데 지금 과인이 3만 5천의 기병을 갖고도 전국을 통일하지 못하고 있네. 아마도 과인이 군사를 제대로 다루지 못하고 있는 것이 아니겠는가?"

범연광이 조심스럽게 대답하며 명종의 눈치를 살폈다.

"황은이 망극하옵니다. 실은 지금 나라에서 군마를 너무 많이 사육하고 있사옵니다. 기병 한 명의 경비로 보병 다섯 명을 먹여 살릴 수 있사옵니다. 3만 5천 명 기병이 쓰는 경비가 15만 명의 보병이 쓰는 경비와 맞먹사옵니다. 이렇게 많은 말을 사육하고는 있지만 지금 제대로 역할을 발휘하고 있지 못하옵니다. 이는 국가의 재력을 낭비하는 것이옵니다."

당 명종이 머리를 끄덕이며 한동안 말이 없었다.

"그렇구면. 대감이 한 말에 일리가 있네. 군마를 많이 사육하려다간 백성들에게 재난만 가중시키겠네. 그러니 백성들이 그 재앙을 이겨 낼 수 있겠는가?"

당 명종은 고관대작 출신이지만 백성들의 질곡에 관심을 둘 줄 아는 군주였다.

이극용 부자는 기병의 힘을 빌려 후당을 건립하였다. 하지만 그때 이극용의 기병은 불과 7천여 명이었다. 후당 명종 시대의 기병은 이극용 때보다 몇 배나 되었다. 그러나 기병은 수만 많았지 아무런 전공도 세우지 못했다. 이렇게 볼 때, 다만 숫자적으로 많다고 하여 큰 힘이 되는 것이 아니라 정예 장병을 두어 군사력을 강화하는 것이 중요하다 하겠다.

특사령은 쌍방이 모두 이익을 보도록 조처해야 한다

과거의 황제들은 백성들에게 자신의 인자함을 보여 주기 위해 종종 황은이라는 이름으로 특별 사면을 선포하였다. 그중 송나라 때에 특별 사면이 특히 많았다. 새 황제가 등극할 때 특별 사면을 내리는 것은 물론이거니와 연호를 바꿀 때에도 꼭 특별 사면을 선포하였다. 죄인의 죄를 사면해 줄 뿐만 아니라 때로는 채무마저 사면해 줄 때도 있다. 비록 이것은 황은이라 할 수는 있지만, 이런 특별 사면이 자주 실시되어 불합리한 폐단도 없지 않았다.

남송(南宋) 효종 순희(淳熙) 16년(1189년) 2월, 효종이 퇴위하고 그의 셋째 아들 조돈(趙惇)이 즉위하여 광종(光宗)이 되었다. 새로 등극한 황제는 특사령을 내렸다.

"무릇 민간에서 진 빚은 그 기간이 길고 짧음을 막론하고, 또 액수의 다소를 막론하고 일률적으로 폐지시킨다."

얼핏 보기에 이 특사령은 빚에 시달리고 있는 백성들의 부담을 덜어 준 것처럼 보일 것이다. 그러나 어떤 채권자는 빌려 준 지 열흘밖에 안 되어 단 한 푼의 이자는 물론 이 특사령에 의해 본전까지 받지 못한 예가 많았다.

그러자 간의대부(諫議大夫) 하담(河澹)이 광종에게 간언하였다.

"이번 특사령은 불합리하므로 특사령을 신속히 취하해야 하옵니다."

광종은 그의 간언을 받아들여 즉시 특사령을 보완하였다. 즉 이자는 취소하고 본전은 갚아야 한다는 내용이었다. 그런데 원래의 특사령이 이미 실행되었던지라 피해를 본 채권자들의 불만은 이만저만이 아니었다.

5년 뒤 광종은 또 한 차례 특사령을 반포했다. 그는 등극 시 특사령이 가져다준 교훈을 고려하여 채무 사면에 조건부를 달았다. 즉 3년 전의 채무를 모두 사면한다는 것이다. 이대로 한다면 돈을 빌린 후 이미 3년 이상 돈을 물었는데도 본전과 이자를 다 물지 못한 사람의 채무를 취하하게 되었다. 그러나 3년이 안 된 사람은 계속 이자와 본전을 물어야 했다. 이 또한 그들에게는 상대적으로 너무 가혹한 일이었다.

과거 5대 시기 후진(後晉) 고조(高祖) 천복(天福) 6년(941년) 8월에 대특사를 내렸다. 그때 반포한 특사령은 매우 공평하였으며 합리적이었다.

"민간에서 사채를 풀어 이자로 받은 금액이 이미 원금에 해당하면 그 채무 관계를 일절 취소한다. 따라서 1년 전에 물지 못한 모든 세금도 함께 취소한다."

이 특사령에 따라 사채를 푼 채권자나 채무자 쌍방이 다 이익을 보게 되었고 쌍방 다 피해가 없게 되었다. 또 일 년 이상 바치지 못한 세금을 취소함으로써 평민 백성들의 부담도 줄었다. 황제의 은혜를 실리적으로 받게 된 평민백성들은 모두 진 고조를 현명한 황제라고 칭송하였다.

한번 불어나면 거품을 빼기 어려운 방만한 관료 체계

송(宋) 신종(神宗) 원풍(元豊) 연간, 증공(曾鞏)이 삼반원(三班院)을 관리하면서 황제에게 보고를 올렸다.

진종(眞宗) 경덕년(景德年) 때의 경작지는 170만 경(頃, 1경은 약 3.3평)이었사옵니다. 그때 조정의 관원은 1만여 명이었습니다. 그 뒤 인종(仁宗) 황우(皇佑) 연간에는 경작지가 225만 경이었사옵니다. 당시 관원은 두 배로 늘어나 2만 명이 넘었사옵니다. 영종(英宗) 치평(治平) 연간에 이르러 경작지는 430만 경에 달했사옵니다. 당시 조정의 관원이 2만 4천 명으로 불었사옵니다. 해마다 경작지는 늘어나지만 또한 해마다 조정 관원이 늘어나고 있사옵니다. 때문에 경비(經費)도 이전보다 곱절로 늘었사옵니다.
삼반원(三班院)의 실례를 들어보겠사옵니다. 삼반원에 등록된 인원이 7백여 명에 가깝습니다. 그중 파면되든가 사망했든가 퇴직한 사람은 200명이 되지 않사옵니다. 삼반원의 인원은 해마다 늘기만 하지 줄어들지를 않사옵니다. 재정 지출의 분류와 인원 채용의 경로 등은 전문 관리기관을 설치하여 상세히 검토해야 하는 것이 바람직하옵니다. 천하의 재정 수입은 치평 연간의 수준을 확보하고 관원들의 봉록 지출은 경덕 연간의 수준으로 하향 조절하는 것이 바람직하옵니다. 이렇게 30년이 지나면 적어도 10년간의 여유를 비축할 수 있을 것이옵니다.

당시 송나라는 태평성세였고 식량과 경비 비축도 충족하였다. 그렇기 때문에 그 누구도 삼반원의 보고를 중시하지 않았다.

경원(慶元) 2년(1196년) 4월, 한 대신이 황제에게 아주 격렬한 어조로 상주서를 올렸다.

과거 효종 건도(乾道) 연간에는 경관(京官)이 3~4천 명이었고 후선(候選) 관원이 7~8천 명이었사옵니다. 광종(光宗) 소희(紹熙) 2년(1191년)에는 이부사선(吏部四選)에 속하는 관리 중 상좌선(尙左選)의 경관(京官)이 4,159명이었고, 상우선(尙右選)에 대사신(大使臣)이 5,173명이었으며, 시좌선(侍左選)의 선인(選人)이 1만 2,869명이었고, 시우선(侍右選)의 소사신(小使臣)이 1만

1,315명이었사옵니다. 이를 모두 집계하면 3만 3,516명이옵니다. 방대한 관료 체계는 본조(즉 송조)의 전성기 때보다도 곱절이 넘사옵니다.

최근 4년 동안 비록 도성에 있는 관원 수는 증가되지 않았다 하지만 재외 후선에 오른 선인이 1만 3,670명으로 불어났사옵니다. 이는 소희(紹熙) 연간 때보다 801명이 늘어난 셈이옵니다. 대사신 6,525명은 소희 때보다 1,348명이 늘어난 것이오며, 소사신 1만 8,705명은 소희 연간에 비해 7,400명이 늘어난 것이옵니다. 여기에는 금년에 과거에 급제한 사람과 내년에 관직에 나설 사람을 집계에 넣지 않은 숫자이옵니다. 이 부류의 사람까지 모두 집계하면 4만 3천여 명이나 되옵니다. 소희 4년에 비해 무려 1만 명이나 늘어난 것이옵니다. 이는 정말 사람들을 놀라게 하는 어마어마하게 방대한 숫자이옵니다.

공룡처럼 부풀어 방대한 관료 기구가 나타나게 된 원인은 해마다 황제가 은혜를 베푼 때문일 것이다. 조정의 경사를 치를 때마다 황제는 특별 사은을 베풀어 많은 사람을 관직에 발탁, 임명하였다. 황실의 이 사은은 단순한 혈맥 관계를 떠나 그 누구에게나 다 베풀었다. 게다가 과거 고시 때 특차 선발도 황제의 특별 은택에 속하였다.

이렇게 되다 보니 날이 갈수록 관료 체계는 공룡처럼 부풀었다. 수도에 있는 관원은 그만 두고라도 한 주(州)에서도 수백 명이 황제의 특혜를 받게 되었다. 이렇게 불어난 거품은 아무리 영험한 신의(神醫)라 해도 제거할 수 없게 되었다.

중대한 사안에 대해 보안을 철저히 하다

송나라 때 황궁 내의 일은 극비로 취급하여 절대 밖으로 흘러 나가서는 안 되도록 단속하였다. 그중에서도 황태자의 선임과 황위의 계승과 같은 조정 대사는 극비 중 극비로 엄격히 비밀을 지켰다.

송(宋) 인종(仁宗) 때다. 황후가 아들을 보았다. 이때면 황실에서 한 사람을 선택하여 황태자로 삼아 황실대업을 이어가도록 해야 한다. 당시 재상으로 있던 한기(韓琦)는 이 일을 두고 여러 번 황제와 비밀리에 상의했다. 두 사람의 물밑 상의 끝에 인종은 형님의 아들인 종실(宗實)을 황태자로 삼기로 했다.

한기는 인종에게 신신당부하였다.

"폐하께서 황태자를 세우신 것은 후환을 미연에 방지하기 위함이옵니다. 이는 조정의 대사 중의 대사이옵니다. 일단 결정을 내리시었으면 끝까지 비밀을 지키셔야 하옵니다. 절대로 중도에서 흔들리면 아니 되옵니다. 이 일이 밖으로 흘러 나가지 않도록 폐하께서는 궁내에서 칙서를 내리시도록 하옵소서."

그런데 인종은 한기의 당부가 아무래도 타당치 않다고 생각하였다. 왜냐하면 궁내에서 칙서를 내리면 궁내의 관련 사람들이 다 알게 될 것이고 이렇게 되면 언제 어디서 소문이 새나갈지도 모를 일이었기 때문이다. 인종은 궁중 내의 관련자들이 이 일을 알지 못하도록 중서성(中書省)에서 비밀리에 추진하는 것이 더 타당할 것이라고 하였다. 이렇게 황제와 재상 두 사람이 극비에 추진시킨 이 일은 마침내 쥐도 새도 모르게 종실을 궁내로 소환하여 황태자를 책립함으로써 일단락되었다.

나도 한 번 이러한 일을 겪은 적이 있다. 송 효종 순희 14년(1187년) 10월 20일, 덕수궁에서 선황(先皇)을 애도하고 돌아온 폐하께서 25일 나와 이부상서 소수(蕭燧)를 궁내로 소환하였다. 황제의 명령을 전달하러 온 궁중 사자가 나에게 말했다.

"내한(內翰) 홍매 대감은 궁내에 남아 있어도 괜찮다고 하옵니다."

황제의 소환을 받고 궁내로 들어간 우리는 토의를 마치고 자리를 뜨려고 했다. 이때 동화문 내 행랑 아래 흰 휘장에 가린 황제의 침상 한켠에서 자그마한 종이쪽지가 내보였다. 내가 그 쪽지를 받아 보니 당나라 정관 연간에 태자가 건감국(乾監國)을 맡았던 일이

기록되어 있었다. 나보고 이 대목을 잘 읽으란 폐하의 칙령도 써 있었다. 이때는 소수가 이미 대궐을 떠나고 없었던 때였다. 다만 나와 황제가 황태자 관련 문제를 상의하게 되었다. 그 내용은 황태자가 국정을 파악하도록 하기 위하여 적당히 국사에 참여시킨다는 것이었다. 효종은 나에게 당나라의 옛 제도에 따라 구체적인 실행 절차를 작성하라는 어명을 따로 내리셨다.

끝으로 효종은 나에게 "앞으로 대감은 이 일을 단독으로 과인에게만 보고하오. 소문이 절대 밖으로 흘러나가면 안 되오! 명심하고 또 명심해야 하오"라고 신신당부하였다.

나는 황송하여 폐하께 절을 올리며 대답했다.

"황은이 망극하옵니다. 소신은 모든 것을 손수 작성하겠사옵니다. 그 누구도 이 일에 참여시키지 않을 것이옵니다. 작성이 끝나는 대로 밀봉하여 통진사(通進司)를 시켜 폐하께 올리겠사옵니다."

효종은 이것도 타당치 않다며 고개를 흔들었다.

"아닙니다. 그랬다간 소문이 어느 틈새로 빠져나갈지 모를 것이오. 그러니 과인이 신임하는 내신을 시켜 전달하는 것이 가장 안전할 것이오."

나는 나대로 도리가 있었다.

"황은이 망극하옵니다. 하지만 소신은 궁궐 밖에 살고 있사옵니다. 궁궐 내의 내신과 연락할 방법이 없사옵니다. 어낙원(御樂院)은 학사들의 문서를 접수·처리하는 부서이옵니다만 그건 일반 공문서들이옵니다. 이 일은 어낙원 같은 데를 경유해서는 아니 되옵니다. 소신이 당나라의 실례를 모두 수집·정리한 뒤 폐하의 접견을 신청하오겠으니 그때 직접 폐하께 드리겠사옵니다.

황제는 그때야 흡족해 하였다.

"좋지, 좋아, 그렇게 하오."

그 뒤 나는 이레 사이에 세 번이나 궁궐로 들어가 폐하를 만나 뵈었다. 황실의 존망과 관련된 중대한 사안이라 보안을 유지하기 위해 얼마나 많은 신경을 썼는지 모른다.

간악한 사람이 이득을 보다

'피는 피로 갚는다'는 중국 속담이 있다. 즉 사람을 죽였으면 목숨으로 갚아야 한다는 뜻이다. 이는 중국 역사 그 어느 왕조에서도 다 통하는 왕법이다. 그러나 송나라에서는 때로 특수 상황이 있어 사람을 죽여도 사형을 받지 않든가 심지어는 문죄하지도 않을 때가 있었다.

송나라는 황은을 베풀어 특별 사면을 많이 했는데, 한 해에 보통 두세 차례 시행되었다. 이때면 살인죄를 저지르고 형을 살던 사람들도 풀려 날 수 있었다. 금방 구속하여 살인죄로 심의하는 중 특별 사면이 실행되면 심의도 끝내지 않고 죄인을 석방하는 수도 있었다.

무주(婺州, 지금의 절강성 금화시)에 노조교(盧助敎)란 부자가 있었다. 그는 주변 백성들을 가혹하게 착취하여 주변 백성들의 피와 살을 긁어모아 부자가 되었다. 주변 백성들은 누구나 다 그를 죽일

놈이라고 등 뒤에서 욕했다. 하루는 빚을 재촉하러 한 소작농을 찾아갔다. 소작농 부자(父子)가 조금만 말미를 줄 것을 간청했으나 그는 전혀 사정을 봐 주지 않았다. 이에 격분한 소작농 부자는 노조교를 꽁꽁 묶어 방앗간으로 끌고 갔다. 그리고 거기서 방아공이로 쳐 죽여 버렸다.

오래지 않아 이 사실이 주군(州郡) 관청에 알려지자 소작농 부자는 꼼짝 없이 구금되는 신세가 되었다. 곧이어 관련 부서의 심의를 거쳐 사형이 확정되었다. 바로 이때 조정에서 특별 사면령이 내려졌다. 꼼짝 없이 목이 달아나는 줄만 알았던 그들 부자는 황은을 입어 털끝 하나 상하지 않고 무사히 풀려났다. 옥에서 풀려난 그들 부자는 노씨네 저택 앞을 지날 때 그 대문을 향해 큰 소리로 욕을 퍼부었다.

"노 조교 그 녀석은 어디 갔어? 또 빚 재촉을 하러 간 거 아니야!"

이 일은 정말 불공정하다고 하겠다. 방아공이에 맞아 죽은 노조교는 그저 개죽음을 당한 거나 다름이 없었다. 그러나 관련 부서에서는 누누이 조정에 안건의 시말을 보고하기가 귀찮아 특별 사면령에 따라 그들 부자를 그대로 풀어 주었던 것이다.

광종(光宗) 소희(紹熙) 5년(1194년)에는 한 해에 네 번이나 특별 사면령을 반포했다. 흉악한 살인범들도 그 기회에 면죄되어 풀려 나왔으니 노조교와 같이 억울한 죽음을 당한 사람들이 얼마나 되는지 알 길이 없다.

황은이 망극한 가운데 흉악한 사람들이 이득을 보게 되는 것은 나라를 다스리는 데 아무런 도움도 되지 않는다. 당시 적지 않은 사람들이 살인범 등은 특별 사면해서는 안 된다는 진정서를 올렸다.

신종(神宗) 시대, 선대의 옛 법을 뜯어고쳐 변법을 추진한 왕안석(王安石)마저도 특사에 대하여 신중해야 한다고 황제께 간언하였다.

희녕(熙寧) 7년(1074년) 송나라 천하는 가뭄이 들어 흉년이 기승을 부렸다. 신종은 그해 이미 두 번이나 특사령을 내렸음에도 다시 한 번 특사령을 내리려 하였다. 황은을 베풀어야 하늘을 감동시킬 수 있으며 하늘이 감동해야 비를 내려 주게 된다고 생각한 때문이다. 이때 왕안석이 나서서 신종을 말렸다.

"소신은 상탕(尙湯) 시대 가뭄이 들면 임금은 국정을 잘못 펴지나 않았는가 하고 먼저 자성한 것으로 알고 있사옵니다. 한 해에 특별 사면령을 세 번이나 내리신다면 이것은 엄청난 국정의 착오를 가져올 것입니다. 국정을 절제하지 못한 것이 되기 때문이옵니다. 가령 특사령을 내리게 되면 가뭄을 물리치기는커녕 흉년의 재

난을 더욱 가중시킬 것이옵니다."

왕안석의 간곡한 진언이 있었기에 신종은 제3차 특별 사면령을 내리지 아니했다. 왕안석의 치적을 보면 대체로 남들과 견해를 달리하였는데 특별 사면에 한해서는 남들과 같은 공정한 견해를 갖고 있었다.